企业信息基础设施管理

刘希俭等　编著

石油工业出版社

内 容 提 要

本书阐述了企业的广域网建设、局域网建设、卫星网络建设、IPv6网络建设、数据中心建设、云计算平台、信息系统管理平台建设、信息技术基础设施标准和规范、信息技术基础设施运行维护，基本涵盖了企业信息技术基础设施的主要方面。

本书适用于从事企业信息化工作的各级管理人员、信息技术人员和业务人员，同时对其他从事信息化建设和实施服务的人员也具有一定的参考价值。

图书在版编目（CIP）数据

企业信息基础设施管理 / 刘希俭等编著 .—北京：石油工业出版社，2019.7

ISBN 978-7-5183-3498-8

Ⅰ.①企… Ⅱ.①刘… Ⅲ.①企业信息化－基础设施建设 Ⅳ.①F272.7-39

中国版本图书馆CIP数据核字（2019）第139869号

出版发行：石油工业出版社

（北京安定门外安华里2区1号　100011）

网　址：www.petropub.com

编辑部：（010）64222430　图书营销中心：（010）64523633

经　　销：全国新华书店

印　　刷：北京晨旭印刷厂

2019年7月第1版　2019年7月第1次印刷

787×1092毫米　开本：1/16　印张：10.25

字数：200千字

定价：70.00元

（如出现印装质量问题，我社图书营销中心负责调换）

《企业信息基础设施管理》
编　委　会

序

当今时代，以信息技术为核心的新一轮科技革命蓬勃发展，信息技术在经济社会发展中的作用，已经从提升劳动生产率和效率的辅助角色，快速演变为基础创新和创造的使能者，有力地推动着传统产业的数字转型。近年来，中国持续加大信息化推进力度，提出加快实施网络强国、制造强国、数字中国战略，特别是党的十九大报告把“推动新型工业化、信息化、城镇化、农业现代化同步发展”作为坚持新发展理念的要求，写入新时代中国特色社会主义基本方略中，并强调要推动互联网、大数据、人工智能和实体经济深度融合，在诸多领域培育新增长点、形成新动能。

在党中央这一战略方针的指引下，国内企业特别是中央企业的信息化水平不断提高，两化深度融合的进程持续显著加快。随着企业经营管理、生产运行管理、办公管理、辅助决策等一批信息系统陆续建成应用，企业生产经营管理的各个方面越来越依赖于信息系统。作为信息系统运行的基础环境，信息技术基础设施的持续健全完善，成为保障信息系统稳定运行和业务连续性的重要前提。

企业信息技术基础设施建设的内容主要包括各种计算机网络、企业数据中心、企业云计算平台、企业信息系统管理平台，以及一系列企业信息基础设施的标准规范等。随着不同时期业务和技术的发展，其内容和范围也在演进和变化之中，特别是云计算技术的成熟普及，基础设施即服务（IaaS）的运营模式正成为越来越多企业改造提升信息基础设施能力的首选。为此，云计算平台建设也成为企业信息技术基础设施的主要内容，并成为衡量企业信息化水平的重要标志之一。从全球范围看，世界各国积极出台高速宽带支持政策，加快空间网络探索和布局，不断推动网络设施向新一代信息技术基础设施演进；国内外主流网络运营商均已启动面向云服务的基础网络转型，云数据中心、IPv6 网络等基础设施发展日趋智能化，并广泛渗透到国民经济的各个领域。总体而言，企业信息技术基础设施正加速向高速率、广普及、全覆盖、智能化方向发展，对信息化建设的质量和水平不断提出新的机遇和挑战。

本书作者长期在大型企业从事信息化建设的组织和管理工作，具有扎实的理论功底和丰富的实践经验。近年来，作者所在企业按照信息技术总体规划，全面推进信息化从分散到集中、从集中到集成，正在迈向共享服务和数据分析应用的新阶段，信息化整体水平持续走在中央企业前列。在这个过程中，他们紧密结合企业业务发展、技术进步和信息系统建设需要，陆续建成并应用了企业广域网、局域网、卫星通信网，有效支持了企业国内外业务的快速发展；加快推进 IPv6 规模部署，作为构建下一代互联网的组成部分，为实现企业网络基础设施和互联网应用服务的升级改造积累了丰富经验；科学合理规划实施了集团级、区域级和地区级数据中心建设，适时引入云计算技术，建成应用存储、网络、计算资源池，大幅提高了企业集团内软硬件资源共享水平、信息系统部署效率，明显降低了信息化建设总体成本，处于国内外同行业的领先水平。同时，为提升网络设施集中监控、信息系统运维服务水平，建成应用了管理系统的信息系统，即企业信息系统管理平台，建立健全统一的运行维护组织体系，设计了规范的运维流程，总结形成了一套行之有效的运维方法论。

作者在书中分章节系统阐述了企业的广域网、局域网、卫星网络、IPv6 网络、数据中心、云计算平台、信息系统管理平台、信息技术基础设施标准和规范及运行维护等内容。这些内容既是作者多年工作实践的总结，又是相关技术领域发展趋势的跟踪和最佳实践的表述，集理论、方法与实战于一体，有的还辅有典型案例，指导性、操作性很强，可读性很高，具有较高的参考和借鉴价值，非常值得与国内广大的信息化同行分享交流。

我相信，本书的出版和发行必将对推进中国企业信息化进程、提升中国企业信息化水平做出重要的贡献，发挥积极的促进作用。借本书出版的机会，衷心祝愿中国企业信息化蓬勃发展，为“中国制造 2025”战略目标的实现添砖加瓦，夯实基础。

2018 年 6 月

前　言

信息技术发展日新月异，云计算、大数据、物联网、人工智能等新兴技术不断迭代演进，全球信息产业历经个人电脑、互联网、智能手机三次浪潮，正迈向以万物互联、泛在计算为特征的大数据时代。在这过程中，信息技术基础设施的发展也突飞猛进，窄带物联网、整机柜服务器、微模块数据中心、容器虚拟化等为信息技术基础设施的提升创新带来新的发展机遇。

企业信息技术基础设施是支撑企业信息化平稳健康、可持续运行的关键组成部分，是保障数据产生、传输、存储、应用和分析业务的物理或虚拟设施的总称，通常包括计算机网络通信设施、数据中心及支持信息技术研发应用的基础平台等。从国际上看，各个国家和国际组织对信息技术基础设施的概念、内容、范围界定并不相同，特别是随着信息技术的不断发展，信息技术基础设施的内涵、外延也在不断发生变化。

目前，国内企业经过多年来的信息化建设和应用，两化深度融合的进程不断加快，信息系统已成为企业生产经营的“数字神经系统”。为保障信息系统平稳运行和业务连续性，尤其是在企业全球化发展进程中，信息技术基础设施的地位和作用更加凸显。2016 年 11 月 7 日，第 12 届全国人民代表大会常务委员会第 24 次会议通过了《中华人民共和国网络安全法》，“关键信息基础设施的运行安全”首次正式写入我国法律条文。在企业信息技术基础设施日益复杂的情况下，对其进行建设、管理和维护就需要遵循一整套科学的方法、流程和策略。

本书结合某大型企业集团信息技术基础设施建设和应用实践，总结提炼实际工作中形成的经验做法，希望勾画出企业信息技术基础设施建设的完整体系与方法。本书共分为 10 章，基本涵盖了企业信息技术基础设施的主要方面。

第 1 章概述。回顾了企业信息技术基础设施的发展趋势，从建设的目标、设计原则两个方面介绍了企业信息技术基础设施架构，对未来信息技术基础设施发展趋势进行了预测。

第 2 章企业广域网。介绍了大型企业广域网建设思路，包括国内广域网建设采用层次化的网络架构规划、动态可调整的网络流量模型、灵活可靠的路由设计及服务质量保障模型；海外广域网建设根据其建设时间晚、地域广、需求复杂等特点，介绍了网络结构设计规划、区域中心选址和安全接入模式等。

第 3 章企业局域网。介绍了大型企业局域网建设过程的现状和需求，从网络架构、IP 地址、路由和链路等方面介绍了局域网建设规划，给出了设备选型原则、参考指标和可参考的局域网架构设计、测试指标。

第 4 章企业卫星网络。介绍了卫星通信系统的组成、拓扑结构、使用频率和多址方式等卫星通信理论，提出了企业卫星网络设计思路，对企业卫星网络架构包括中小企业网络架构进行了分析。

第 5 章企业 IPv6 网络。介绍了企业对 IPv6 需求、技术发展情况和存在问题，以及目前主要的过渡技术、IPv6 组网方案和安全防护方案等。

第 6 章企业数据中心。从企业数据布局与定位、集团级数据中心、区域级数据中心和成员企业级数据中心建设几个方面，结合大型企业数据中心建设的实践，论述了企业数据中心建设涉及的主要内容。

第 7 章企业云计算平台。对企业云计算平台建设进行中的云计算平台规划设计、整体架构、资源池建设、云管理平台建设及云计算安全等关键领域进行了论述，对企业云计算平台价值和应用成效进行了分析。

第 8 章企业信息系统管理平台。企业信息系统管理平台是管理系统的信息系统，介绍了企业信息系统管理平台的架构设计，包括功能架构和技术架构，对网络系统集中监控、系统运维服务管理和 ITIL 管理体系进行了论述。

第 9 章企业信息技术基础设施标准和规范。着重对企业信息技术基础设施标准体系中网络运维管理标准、数据中心运维管理标准进行了分析，给出了实际运行维护过程相关标准案例。

第 10 章企业信息技术基础设施运行维护。针对大型企业信息技术基础设施比较复杂的状况，介绍了企业信息技术基础设施运维组织体系设计，网络运维管理及流程设计，数据中心运维管理及流程设计，并对云计算资源管理及流程设计进行了探讨。

本书是编者多年来在大型企业集团一线信息化工作实践的总结，由于水平所限，书中疏漏之处在所难免，恳请各位读者批评指正并不吝赐教。

2018 年 4 月

目　录

1 概述

企业信息基础设施是企业信息化建设的基础。企业信息化的建设内容众多，包括网络基础设施、数据中心、云计算平台、经营管理平台、生产运行管理系统、办公管理系统、辅助决策系统、信息系统管理平台建设与运行维护及信息化队伍建设等。企业信息基础设施的稳定性、兼容性和可扩展性，决定了基础设施之上的业务应用系统的健壮性、多样性和灵活性。全面、稳定和柔性扩展的基础设施，将作为企业信息化建设的基石，持续长久地发挥作用。

1.1 企业信息技术基础设施的发展趋势

企业信息基础设施的建设根据企业信息化发展不同阶段的驱动力，服务范围、应用集中度和共享水平是一个持续不断提升、完善的过程。企业信息基础设施的建设经历了用户从单个计算机走向星型连接、网络从单一核心走向分布纵深连接、数据从分散存储走向数据中心集中处理、应用系统从独立建设走向云化部署四个阶段。

阶段一：用户从单个计算机走向星型连接。

基础设施发展初期，信息技术基础设施从无到有，实现了基础网络系统的互联互通、简单信息系统小范围访问，与分散建设为特征的信息化建设相适应。在信息基础设施建设目标上按需建设，解决用户最基本的可用问题，基础设施与信息系统独立建设。本阶段主要开展企业广域网和企业局域网建设。

阶段二：网络从单一核心走向分布纵深连接。

信息化建设进入以集中建设为特征的新阶段，应用系统不断增加，应用对网络的覆盖、可靠性和服务质量的要求也不断提升，这对成员企业多、地理分布广、特大型企业集团公司尤为明显。为了提供更加合理的网络资源，网络系统的覆盖范围自上而下纵向延伸；网络系统的层次结构逐渐完善，每个层次的服务对象更加清晰；网络系统的服务方式更加准确，针对不同类型的应用系统提供了不同级别的服务质量保证。本阶段主要进行了企业广域网、企业局域网的多核心改造及分布式改造。为了增加网络系统的覆盖范围和业务发展需求，还要进行企业卫星网络建设、IPv6 网络建设。

阶段三：数据从分散存储走向数据中心集中处理。

当信息基础设施及信息系统建设和应用发展到一定程度时，过于分散的信息技术设施导致信息技术资产无法有效地管理。企业信息基础设施的集中化，有效地解决了信息技术资产管理问题，避免了基础设施的重复投资。建立集中或者适度集中的数据中心，能够满足信息系统集中部署的需求，为以数据为核心的信息化建设奠定基础。但同时对空间、制冷、电力和网络等共享资源也提出了更高的要求。本阶段的重点是建设集团级数据中心。

阶段四：应用系统从独立建设走向云化部署。

随着硬件技术的发展，单台硬件的处理能力逐渐增加，独立的物理硬件可对单一系统提供服务，但同时会造成大量的资源浪费；另一方面，当信息系统需要临时调整信息基础设施处理能力时，调整周期过长导致无法满足业务发展、信息系统建设的需要。信息基础设施虚拟化，较好地解决了资源利用率不均和临时资源调整的困难。通过对计算资源、存储资源和网络资源的统一纳管和虚拟技术应用，对原有“烟囱”型的信息系统的基础设施进行整合，给业务和应用信息系统提供有效的服务。本阶段主要任务是建设企业基础设施云平台，实现应用系统计算、存储和网络资源的共享；同时根据业务发展需要持续优化已建成的网络系统及数据中心。

基础设施云平台建成后，在大大降低信息技术基础设施的成本的同时，也对企业信息基础设施的服务质量和服务能力提出了更高的要求。企业信息基础设施将不再局限于为应用系统提供 CPU、内存、带宽和存储等物理资源，还要提供操作系统、数据库和中间件等可共享组件，考核基础设施的关键运行指标（KPI）也转变为并发处理能力、业务响应时间、端到端的服务质量和业务可靠性等服务输出。这使得企业信息基础设施在共享程度进一步提高的同时，服务能力也进一步提升。

随着信息技术基础设施共享水平不断提升，每个应用系统团队建设和维护基础设施的职能也会不断弱化，逐步形成以企业经营策略为核心，依照经营策略的不同，快速、灵活地部署上线与下线，为企业的经营提供更加灵活快速的信息技术服务。同时，数据的管理向集成共享发展，基础设施功能外延也会扩大，统一的安全数据，如网络日志、行为日志、网络数据流等亟待整合，统一格式、接口，进行集中监测、统一分析，提高网络管理效率和效果。逐步统一业务数据，发挥大数据优势，为挖掘新知识和新业务，提高智能化水平，提供基础数据服务。

本书介绍的企业信息技术基础设施建设实例，经过了基础设施搭建、应用系统集中，正处于资源共享向智能调度转变的过程。根据企业信息化发展总体进程，企业信息基础设施规划、建设的每个阶段需要有明确的目标和架构，其中最重要的是网络系统、数据中心、云计算和运行监控四个方面。

1.2 企业信息技术基础设施总体架构和设计原则

1.2.1 总体目标

通过构建先进实用的基础网络，满足数据、信息传输需求；建设节能环保、技术领先的数据中心，满足信息技术设备的运行条件要求；部署云计算环境，满足企业信息化对基础设施资源共享的要求；通过基础设施运行监控系统，满足信息化管理对资源的监控需求，从而保证各应用系统可靠、高速和稳定地运行，为企业业务发展提供基础支撑。

1.2.2 设计原则

基于企业信息化愿景和战略目标，根据企业信息化不同阶段的实际需要和具体情况，参考行业通用的基础设施架构设计原则，借鉴基础设施架构的设计最佳实践，确定基础设施架构的设计原则如下。

1.2.2.1 注重总体拥有成本

总体拥有成本是指公司拥有一套技术服务和基础设施的总费用，不仅包括软硬件、系统搭建实施等直接投资费用，也包括运行维护费用。具体包括硬件采购成本、软件采购成本、硬件和软件维护费用、推广费用、系统管理费用、帮助热线和现场支持费用、终端用户支持费用、故障处理费用等。设计时不要仅仅考虑降低如硬件采购等投资费用，还要注重降低总体拥有成本。

1.2.2.2 坚持基础设施的标准化

企业信息技术基础设施包括用户桌面计算机配置全部标准化，是应用系统集成的先决条件，也是持续提升企业信息化水平的必要条件。基础设施标准化需要强制执行，制定通用基础设施的统一标准规范，并在全公司范围内严格执行，促使设备协同工作，简化系统管理和运行维护培训，为用户提供更有效的支持服务，减少采购和维护费用。

1.2.2.3 提供标准化的应用环境

要建立标准的计算机应用环境，包括标准配置的办公计算机、笔记本电脑、服务器硬件、操作系统、办公 / 生产软件、电子邮件和互联网服务等，确保有效技术支持，简化软、硬件升级和应用培训，保证协同工作能力，降低采购及维护费用。用户办公计算机（以下简称“用户终端”）配置的标准化有利于为用户提供更可靠、更及时的技术支持服务，包括远程支持；有利于软件推广，减少软件升级的时间和工作量。如果配置各异，升级将变得十分困难；而且随着用户越来越多，升级所需的工作量将越来越大。用户终端配置标准化还有利于信息安全，有助于及时发现和遏制病毒对信息系统的破坏。

1.2.2.4 提供广泛的网络连接

网络化运营是企业的战略抉择，而可靠的网络连接是网络化运营的先决条件。计算机环境依赖于网络连接，更多的计算机作为智能节点与网络连接，使计算机网络的价值成倍增长。通过安全防火墙实现用户/终端、应用/服务器和数据库及内网层次上的网络连接，用户可以与公司的其他人传递信息、交流知识，为企业创造价值。通过与互联网的连接将进一步扩大企业与供应商、客户间的合作，助推企业创新业务模式，实现对市场的敏捷反应。

1.2.2.5 促进基础设施共享

统一信息技术基础设施是指不同成员企业之间对公用基础设施的共享。例如，整个集团公司使用一个互联网网关，两个或两个以上成员企业使用一个数据中心，所有应用系统都部署在一个基础设施云上等。这样，支持服务更有效，购买和维护费用进一步降低，技术升级更容易。

1.2.2.6 采用成熟的基础设施实施方法

采用经过验证的成熟方法进行信息技术基础设施设计和实施。与应用系统实施一样，信息技术基础设施实施应遵循科学的项目管理方法，对系统管理员和终端用户开展培训，建立并完善运行维护服务体系来支撑使用和保障安全。

1.3 企业信息技术基础设施组成部分

1.3.1 企业网络

网络是企业战略性基础设施，支撑企业的生产、营销和管理等应用系统的平稳运行。随着网络的快速普及和应用日益深入，各种核心和增值业务系统在企业的广泛部署，网络和业务的结合也越来越紧密。

针对大型企业建设与使用的网络系统，应该根据业务的应用划分安全域，不同安全域需使用不同的安全策略。安全域的划分应是层次化的，既要考虑网络的管理属性要求的信息保密，也要考虑网络的业务属性，同时还要考虑安全域划分可能遇到的实施问题。通过域的层次化划分，可以明确管理责任和界限，解决各种信息系统、生产控制系统的网络隔离和信息安全交换问题，保证系统实施与应用时边界清晰可行。

企业网络安全域建设可以按照以下方式划分，即一级安全域按照业务划分，二级安全域按行为划分。

一级安全域采用业务域的划分方式：企业一级网络安全域划分模型包括企业内网、企业专网和企业外网三个部分。

内网承载对内服务业务信息系统，处理办公管理、生产管理、经营服务管理等内部应用系统，与外网逻辑隔离。一般包括广域网、局域网和卫星网络。此外，为了弥补 IPv4 在地址空间等方面存在的诸多缺陷，还应建设 IPv6 网络。

外网是对外提供服务和应用的网络，部署在隔离区（demilitarized zone，DMZ，为解决安装防火墙后外部网络不能访问内部网络服务器的问题而设立的一个互联网与企业内网之间的缓冲区）。对照等级保护要求，从互联网到企业内部网络，需考虑双链路、设备冗余、防攻击、访问控制和行为审计等设施。企业外网是企业内网与互联网进行数据交互的重要渠道，企业外网建设重点在于互联网出口的建设与防护。大型企业部分信息系统不但为企业内部网络用户提供服务，还通过企业外网为外部用户访问提供服务，如电子商务系统。为保障企业用户和应用系统的使用需求，需要建设外网为应用系统提供持续可用的网络访问服务，需要制订并实施一致的安全防护策略对企业外网进行安全管理，按照统一的安全防护标准对企业外网进行防护。

专网承载与实时生产或决策相关的信息系统，是相对封闭、有隔离的专用网络。一些大型企业，集中了大量涉及国家秘密、企业商业秘密和工作秘密的相关信息，在国家的保密工作中处于特殊重要位置。为保护安全等级较高的信息系统和敏感信息，企业除建立日常使用的广域网外，仍需建立独立于已有企业广域网的另一张广域网——企业办公专网，进一步推进企业信息安全建设，保障企业敏感管理信息的安全传输与应用。

为实现生产动态实时监控，企业应用了大量自动化控制系统。同时，为了优化生产运行过程与管理，企业需要建设生产物联网、工业互联网系统，实时有效地管理生产操作、设备状态监测等各生产环节，并及时分析和预警。自动化控制系统、物联网系统需要部署在生产专网内。由于生产专网与内网中的应用系统之间有数据交互，为保证生产、网络、系统、数据安全，生产专网与内网要逻辑隔离，生产专网单向为内网应用系统提供数据，但终端用户不能访问互联网。内网用户也不能反向访问、控制自动化系统。

二级安全域是一级安全域的子域，即在一级安全域的基础上，按照行为域进行细粒度的划分。企业内网划分为广域网、局域网和卫星网络等三个二级网络域。企业专网划分为办公专网、生产专网等二级网络域。企业外网划分为内网接入区、对外服务区、互联网接入区和安全管理区四个区域。通过二级安全域的划分，可以清晰地标示网络边界，把一个大而复杂的网络安全问题分解成小而相对单一的问题，明确网络防护的对象和目标，区分安全责任和范围。当局部网络出现安全问题时，可以通过对这个局部网络的控制，使安全问题不至于在整个网络中扩散，不至于影响全部网络的性能，达到保护整体网络的目的。

企业内网与外网之间通过访问控制技术实现逻辑隔离，专网与内网之间单项或双向控制。生产专网中网络安全子域防护的对象是生产工控网，关系到企业生产经营的顺利进行，是防护的重点。在二级安全域的防护中，需要重点考虑各二级安全域网络间的流量逻辑关系，同时，根据各二级安全域的安全等级，分级别予以防护。

1.3.2 数据中心

数据中心是企业应用系统与数据资源进行集中、集成、共享场地。从应用层面看，包括办公管理系统、生产运行系统、经营管理系统、数据分析系统；从数据层面看，包括各类原始数据和中间成果数据及数据与数据的集成 / 整合数据；从基础设施层面看，包括服务器、网络、存储和整体运行维护服务。

近年来提出的绿色数据中心的概念，主要就是提高信息技术设备（服务器、存储、网络设备等）的电能利用率，尽量降低电能的热损耗。此外，在提高计算密度的同时，通过新的散热技术和整体设计数据中心服务来解决散热问题。

数据中心总体规划设计主要包括数据中心规划及建设标准制定两部分内容。

1.3.2.1 数据中心规划

以某特大型企业集团为例，该企业可采用适度集中式数据中心架构，依据企业业务现状和地域的分布情况，对企业内部众多机房进行整合。按照集团级、区域级、地区公司级三级数据中心进行规划建设，并实施分级管理。

其中集团级数据中心按照“两地三中心”模式进行布局。即一个主生产中心，一个同城灾备中心和一个异地灾备中心，承担企业核心应用系统的生产、灾备运行。区域级数据中心是统一规划、满足应用系统分布式部署在某个区域的数据中心或集中部署一个区域内各成员企业信息系统的数据中心。地区公司级数据中心是部署各成员企业内部信息系统的数据中心。数据中心的建设应遵循“统一规划、分步实施”的策略进行。

1.3.2.2 数据中心建设标准的制定

数据中心设计，除了考虑规模及其可容纳的处理 / 存储设备的数量之外，还需要考虑很多因素，如地点选择、供电方式、冗余级别、冷却设备数量和安全控制的严格程度等。

首先，明确数据中心建设的原则，包括可靠性、可扩展性、可用性、可管理性和安全性等。其次，研究并考虑采用数据中心建设领域的主流技术和新兴技术，比如虚拟化、整合、模块化、灵活性、绿色环保等。此外，数据中心的设计还应当考虑采用绿色建筑（LEED）的理念和技术及节能环保的效果，比如建筑场地选址、围护结构热工性能、监测与控制系统节能诊断和能耗综合诊断等，提高数据中心设施整体能源应用效率（PUE）值。

1.3.3 云计算平台

云计算（Cloud Computing）是近年来兴起的一种新的数据中心服务模式，在虚拟化的基础上融合了服务管理。云计算是分布式计算、并行计算、效用计算、网络存储、虚拟化和负载均衡等传统计算机与网络技术发展融合的产物。云计算描述了一种基于互联网新的信息技术服务增减、使用和交付模式，通常通过互联网来提供动态易扩展且经常是虚拟化的资源，它意味着计算能力也可作为一种商品通过互联网进行流通。

1.3.3.1 云计算特征

基于虚拟化技术。云计算把虚拟化技术作为提供底层技术的平台，通过虚拟平台进行资源管理，由云服务机构提供所需要的计算资源。这样做一方面降低了信息系统投资和运行维护成本，另一方面通过在一个服务器上部署多个虚拟机和应用，提高了资源利用率。

云计算特征包括：

（1）开放性和可扩展性。云计算系统能够随时为用户提供服务，可以根据用户的需求变化动态分配资源，这样可提高资源的利用率，减少资源的浪费。

（2）高可靠性。当某个节点发生故障时，云计算系统会将数据备份到其他节点，使整个系统正常运行。

（3）高性价比。云计算系统由大量的低配置机群组成，与具有相同性能的超级计算机相比，其花费的投资要少得多，并且运行维护的成本也低得多。

（4）超大规模。为了具有强大的计算能力和海量存储，云计算系统通常由成千上万台服务器组成，如 Google 云计算系统已经拥有 100 多万台服务器，亚马逊、IBM、微软、雅虎等的“云”均拥有几十万台服务器。

1.3.3.2 云计算服务形式

云计算包括以下几个层次的服务：

（1）基础设施即服务（Infrastructure as a Service，IaaS）。企业和个人用户通过计算机网络可以从基础设施云获得服务，不需要购买硬件服务器，基础设施云所供给的计算存储能力可随需要进行调整。

（2）软件即服务（Software as a Service，SaaS）。一种通过计算机网络提供软件的模式，用户无需购买软件，而是向提供商租用基于 Web 的软件，来管理企业生产、经营、办公活动。

（3）平台即服务（Platform as a Service，PaaS）。将软件研发的平台作为一种服务，以软件即服务的模式提交给用户。PaaS 的出现可以加快 SaaS 的发展，尤其是加快 SaaS 应用的开发速度，例如软件的个性化定制开发。

1.3.3.3 部署模型

（1）公有云（Public Cloud）服务可通过网络及第三方服务供应者，开放给用户使用。公有云并不表示用户数据可供任何人查看，公有云服务供应者通常会对用户实施使用访问控制机制，公有云作为解决方案，既有弹性，又具备低成本优势。

（2）私有云（Private Cloud）具备许多公有云的优点，例如弹性、适合提供服务，两者差别在于私有云服务中，数据与程序皆在企业内管理，且与公有云服务不同，不会受到网络带宽、安全疑虑、法规限制影响。此外，私有云用户与网络都受到特殊限制，私有云服务让供应者及用户更容易掌控云基础架构、改善安全与弹性。

（3）社区云（Community Cloud）由众多利益相关的组织掌控及使用，例如特定安全要求、共同宗旨等，社区成员共同使用云数据及应用程序。

（4）混合云（Hybrid Cloud）是结合公有云及私有云的服务方式，用户通常将非企业关键信息系统外包，并在公有云上处理，同时在企业私有云上部署企业关键服务及数据。

1.3.4 信息系统管理平台

企业信息系统管理平台是指建立集成的监控管理系统和统一的运行维护流程管理系统，从而建立一体化的信息技术运行维护管理平台，实现端到端的运行维护管理，保证各应用系统的高可用性，提高客户满意度，降低信息技术服务支持成本。具体包括：

（1）建立集成监控管理系统。对企业应用系统实施统一监控，满足其日常运行维护管理需要，同时提供统一监控接入标准，为后续应用系统的运行维护管理提供参考。

（2）建立运行维护管理体系。集成监控管理系统的应用，可为运行维护团队提供统一的监控手段和直观的展示界面，快速定位故障根源，缩短故障处理时间；提供故障原因分析，方便快速排除故障；提供现象数据及相应的日志文件，便于分析复杂故障和问题。对所有已上线的应用系统整体规划，建立统一的运行维护流程系统，梳理和定制各应用服务流程，实现运行维护事件有记录、故障有人解决、对用户有反馈、配置变更有审核，在提高信息技术运行维护水平的同时提高用户满意度。

（3）云技术平台能够为用户提供弹性化的计算资源分配机制，改变了原有资源专属应用系统的情况。但是在基础设施运行维护方面与传统信息系统基本相同，都要进行设备状态信息采集、事件管理、综合展示等过程。云技术平台通过接口设计，将平台内网络设备和主机设备产生的系统日志信息发送给企业信息管理系统，实现对云技术平台整体网络和运行状况的监控。

1.4 小结

企业信息技术基础设施建设需要适应不同时期业务和信息技术发展变化，从单一到复杂，专业领域划分更加细致，用户计算机接入、网络、数据、信息系统等都在持续改进提升。本章回顾了企业信息技术基础设施的发展趋势，从建设的目标、设计原则两个方面介绍了企业信息技术基础设施架构，对未来信息技术基础设施发展趋势进行了预测；从企业网络、数据中心、云计算平台和企业信息系统管理平台等四个方面概述了企业信息技术基础设施组成部分。

2 企业广域网

广域网（Wide Area Network，WAN）所覆盖的范围从几十千米到几千千米，连接多个城市或国家，甚至横跨几个洲，并能提供远距离通信，形成覆盖国内、国外业务的远程网络。大型企业规模不同，其广域网覆盖的范围也不尽相同。为了促进企业的发展，企业依据信息技术总体规划，利用先进的网络通信技术，建设企业骨干网，连接下属企业，形成有效、可靠和统一的承载多业务网络平台，保障企业的业务稳定运行和快速发展。

2.1 广域网

企业广域网的网络架构应及时应用新技术，满足企业业务需求的变化，支撑企业核心业务发展战略。不论是从企业网络更新换代的角度，还是从应用网络新技术的角度去审视，很大一部分企业在早期建设的广域核心骨干网络都已经很难满足今天企业业务对于计算机网络带宽、质量、安全等要求，并且在一定程度上出现了制约企业新业务发展的情况。因此，构筑统一、智能、可扩展的多业务广域网络平台已经成为网络发展的主要课题。随着网络的升级换代和应用系统的增加，建设企业一体化网络服务平台已成为企业广域网发展的必然趋势。

2.1.1 企业骨干网层次化网络架构规划

企业的业务架构变革是推动网络基础架构变革的动力，影响着数据中心布局和骨干网络架构设计。企业从单数据中心转向多数据中心的架构发展，推动企业从传统广域骨干网络向广域骨干网络平台架构的演变，因而形成具有层次化、区域化和异地容灾的广域网结构。广域网层次化模型如图 2–1 所示，从上至下具有核心层（核心环网）、汇聚层（区域中心）及接入层（地区公司或分支机构）三层的层次化模型设计，从左至右包含分布于各地区域中心模式的区域化设计，同时选用双核心建立异地容灾的核心广域网，基于数据中心的企业业务中心则通过核心层与广域网对接。

2.1.1.1 层次化广域骨干网络平台

层次化广域骨干网络平台架构如图 2–2 所示，其核心思路：将企业的广域骨干网络和业务中心从功能的角度进行区分，建设独立的专用广域骨干互联网络，实现将企业的广域

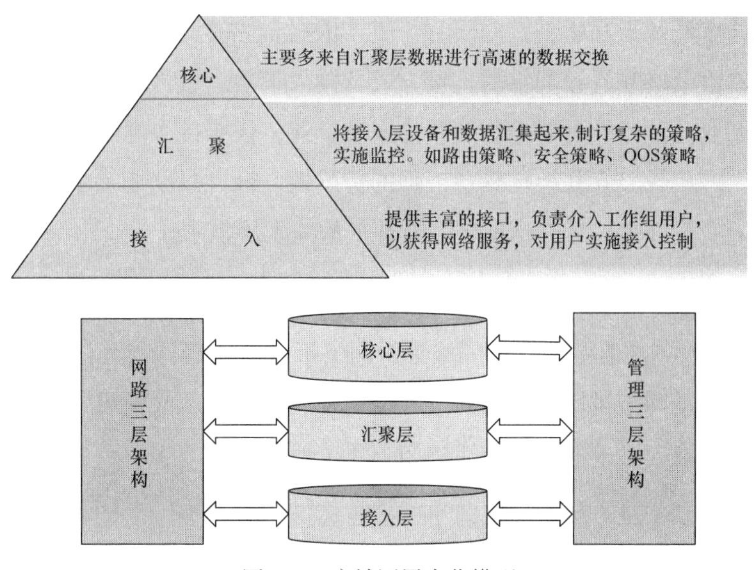

图 2-1 广域网层次化模型

骨干网业务接入与业务高速转发这两个功能进行分离。依据业务的分布情况选择多个骨干节点,各骨干节点核心路由器环形连接成高可靠的企业广域骨干互联环网,实现业务高速的转发功能。地区公司或分支机构通过租用同步数字体系(Synchronous Digital Hierarchy,SDH)专线与区域中心互联。各区域中心通过双设备、双链路异地接入至骨干核心环网,满足企业业务高可靠的接入需求。

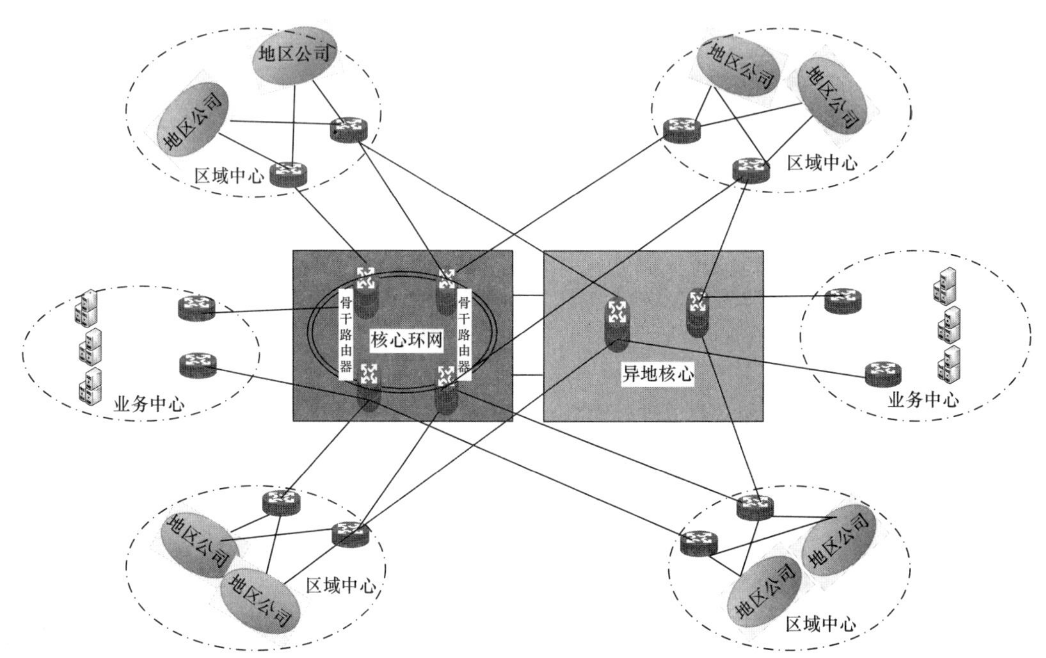

图 2-2 层次化广域骨干网络平台架构

规划、设计广域骨干互联平台的同时，应该依据企业的业务架构模型统一规划设计全网路由协议、路由策略和各级网络的连接方式及接入策略，最终形成业务规范接入、路由合理发布。若企业的业务扩展需要增加新的成员企业，按照接入规范将新的成员企业与骨干网互联即可。广域骨干互联架构具备极强的扩展性，最大限度地减小企业的业务扩展对网络基础架构的变革冲击，适合当前各企业业务快速发展需求。

2.1.1.2 单网双平面

“单网双平面”网络架构模型是广域骨干网络平台架构延伸，其最大的特点是将广域骨干网络平台的骨干网络逻辑划分为两个独立的环网形式，从而构成“一张骨干网、两个平面”的新型网络架构。单网双平面架构如图 2–3 所示。

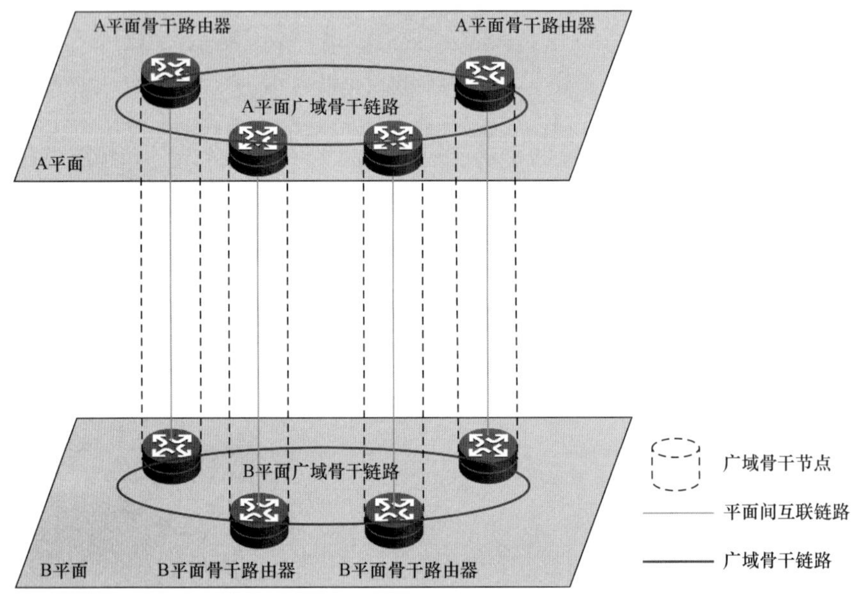

图 2–3　单网双平面架构

在每一个骨干节点通过部署双核心路由器，分属 A、B 两个平面，A、B 路由器称作 A、B 网络平面骨干路由器。同一平面内的不同骨干节点之间通过租用运营商的 SDH 链路或者自建的光传输链路连接起来形成一个环网，如果考虑网络的可靠性和备份性，可以考虑使用双运营商链路进行连接。同一骨干节点内的两台骨干路由器连接可以采用 GE、10GE、40GE、100GE 接口光纤线路互联，保证了广域骨干网形成具有两个逻辑的相对独立网络平面，两个平面可以进行控制和转发的分离，也可以同时承载数据的转发，并且双平面形成互备的网络架构。

单网双平面是建立在三层广域骨干网络平台架构基础上进行的针对业务流走向的模型，它具有高可靠、关键业务不间断及高可扩展性等众多特性，尤其对于业务划分清晰、可靠性、可扩展性及核心业务服务质量要求高的大型企业提供了更好的选择。

依据企业业务类别划分，对企业业务流依照重要程度进行分类的独立承载设计，实现企业内不同业务流的精细化差分服务。对广域网设备和链路根据双平面承载业务流的不同进行角色划分，能够清晰地制订统一的路由策略和业务策略，提升网络的可维护性及扩展性。建设单网双平面的网络架构，企业能够分别在两个不同平面上承载不同优先级的业务数据流，实现企业自身期望的数据规划走向和良好的业务差分服务，尤其对于一些新型的多媒体业务，在规划保障上更为简便有效。

单网双平面架构优点如下：

（1）业务流走向具备高可控性。通过不同的 A、B 平面承载不同的优先级业务。

（2）网络架构具备高可靠性。双平面实现相对独立的转发平面与控制平面逻辑分离，尽可能地将网络故障控制在单平面内，降低故障对于骨干网络平台整体的冲击。

（3）增强网络及业务的高扩展性。单网双平面架构作为广域网络承载平台的一种模型，同样具备极强的可扩展性。

2.1.2　动态可调整的网络流量模型

骨干网络层次化网络架构及单网双平面的架构设计，能够从架构的稳定性、可扩展性、层次性及信息安全防护角度提供很好的解决方案，也为业务的流量模型规划奠定了基础。

2.1.2.1　双平面分流

通过构建单网双平面架构，可以将不同的业务流规划至不同的平面上进行传输，企业业务流量如何分配至不同网络平面则依据因业务的重要程度而进行的优先级设定，按优先级分流至两个平面进行传输。这样，一个企业的业务流量模型会以优先级标识的方式变得清晰，对于业务流量的分流策略、保障策略及业务备份策略的实施部署奠定了基础，方便后续网络的运行维护管理。通常情况下，企业业务优先级可以依照重要程度进行三种类型的划分，见表 2–1。

表 2–1　企业业务优先级划分表

名称	优先级	描述
一类业务（关键业务）	高	一般为企业的核心生产业务、IP 语言通信、远程视频会议等实时性要求很高的多媒体业务
二类业务（非关键业务）	中	一般为企业的办公业务
三类业务（其他业务）	低	企业内部的其他业务

依据业务优先级分类，双平面承载业务流规划原则为A平面承载一类业务，B平面承载二类、三类业务。

2.1.2.2 业务流路径走向来往一致

在网络、链路正常的情况下，企业不同业务流严格地按照规划设计的平面进行传输。业务流路径走向来往一致如图2-4所示，业务流往返流向路径都在同一个网络平面的相同路径上传输。

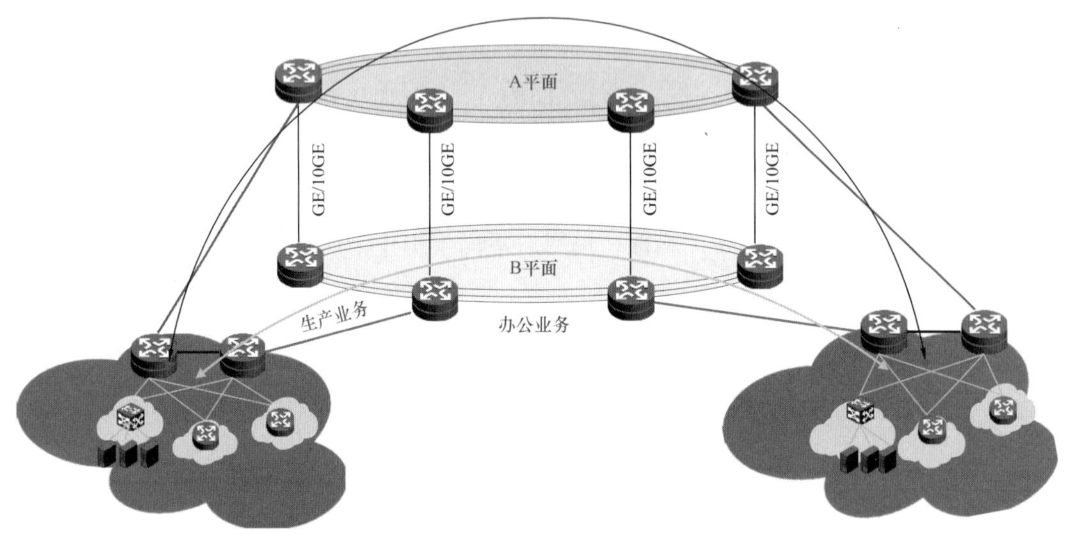

图2-4 业务流路径走向来往一致

2.1.2.3 最远路径传输

当网络发生故障时，为了充分利用某一平面不同链路资源，同时防止备份业务对另一个平面上承载的业务数据造成影响，应尽最大可能地规划业务流量在其规划设计的所属平面进行传输。最远路径传输如图2-5所示，若A平面的路由器或接入链路出现故障时，A平面上业务流量应尽量保证在A平面继续进行传输，只有在流量到达其备份链路所在地A平面的骨干路由器之后，才能通过A、B平面的骨干路由器之间的本地链路转发至B平面进行传输。值得注意的是，此时依然必须同时满足一个原则，业务流量的来回路径一致。

2.1.2.4 有策略的业务备份

A、B平面分别传输着企业不同优先级的生产业务和办公业务，骨干链路带宽及业务的保障策略均依据不同平面上所传输的详细业务进行规划、设计与部署。当B平面上的链路或者设备出现故障时，B平面上所承载的全部业务不进行任何区分就转发至A平面上进行备份，那么巨大的办公业务极有可能会对A平面上生产业务造成巨大的冲击。因此，建议

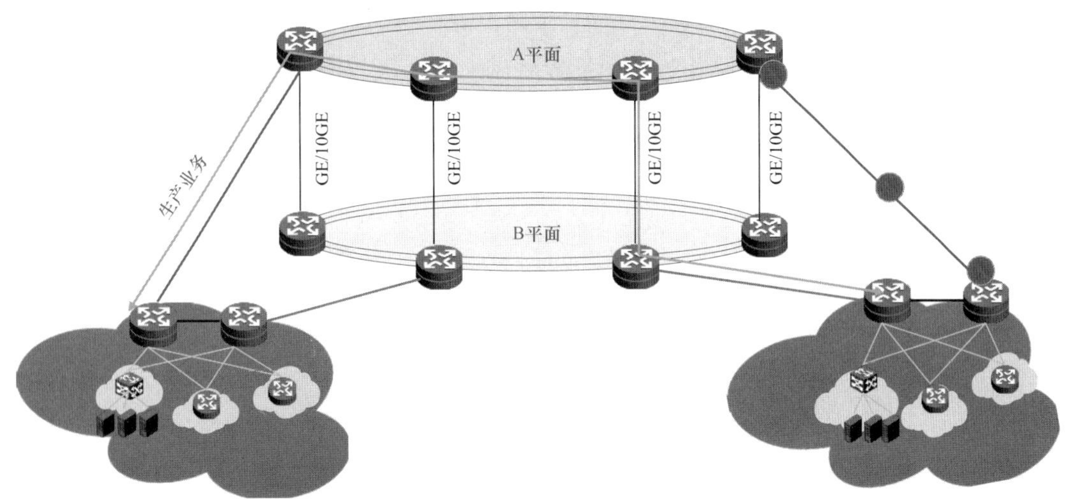

图 2-5　最远路径传输

当 B 平面发生故障时，仅为 B 平面的一部分重要业务进行备份功能。从广域网骨干网络平面分析，可以理解为 B 平面是为 A 平面上承载的全部高优先级别业务提供备份，A 平面仅仅对 B 平面承载的一部分重要业务提供备份，依据企业业务重要程度进行有策略的备份。

2.1.2.5　统一服务质量策略部署

尽管单网双平面架构能够实现企业业务按优先级程度分流到 A、B 两个平面上承载，但针对网络部署统一服务质量（Quality of Service，QoS）设计时，仍需要对 A、B 平面进行集中统一规划和策略部署。首先，要保证网络正常情况时，A、B 双平面能为其上面传输的各种业务提供充足的优先级队列，以进行敏捷、合理的策略调度。其次，还要考虑当网络出现故障时，需要进行备份的业务流转发至另一平面后，不会造成该平面上所承载的高优先级的业务流量受到影响，所有业务的服务质量都能够依据其优先级别而得到相应的保障。

2.1.3　灵活可靠的路由设计

路由设计作为网络规划中最为关键的一环，也是网络能够良好运行的基础。在单网双平面的网络架构设计中，企业业务流分流传输、自主易控的备份策略、最远路径传输原理等规划策略功能均需要依赖网络路由设计实现。好的路由设计既能保证在实现以上功能的同时保持简洁性，又能避免整个网络设计在复杂度上升时造成网络扩展性的降低。

2.1.3.1　企业网络架构设计案例

某企业的广域骨干网络传输以北京、广州、上海、成都四个城市的核心路由器作为骨干节点。每一个骨干节点均部署两台双骨干路由器，同一平面内的不同节点骨干路由器之间租用电信运营商 SDH 链路相连接而形成环网。各个区域网络中心与数据中心分别通过广域链路以双归属的方式异地接入到广域骨干网络。企业骨干网络双平面架构如图 2–6 所示。

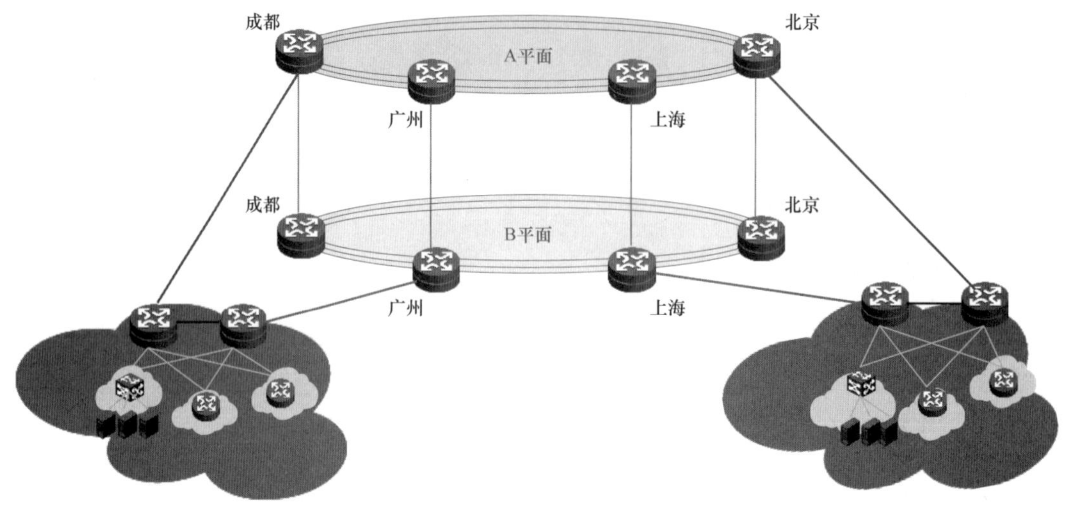

图 2–6　企业骨干网络双平面架构

2.1.3.2　总体路由规划设计

广域骨干网络 A、B 双平面各独立隶属于不同的自治系统（Autonomous System，AS）100 和 200，构建骨干网络相对独立的双控制平面。并且，各个区域中心和数据中心分别划分独立的自治系统。企业单网双平面总体路由设计如图 2–7 所示。

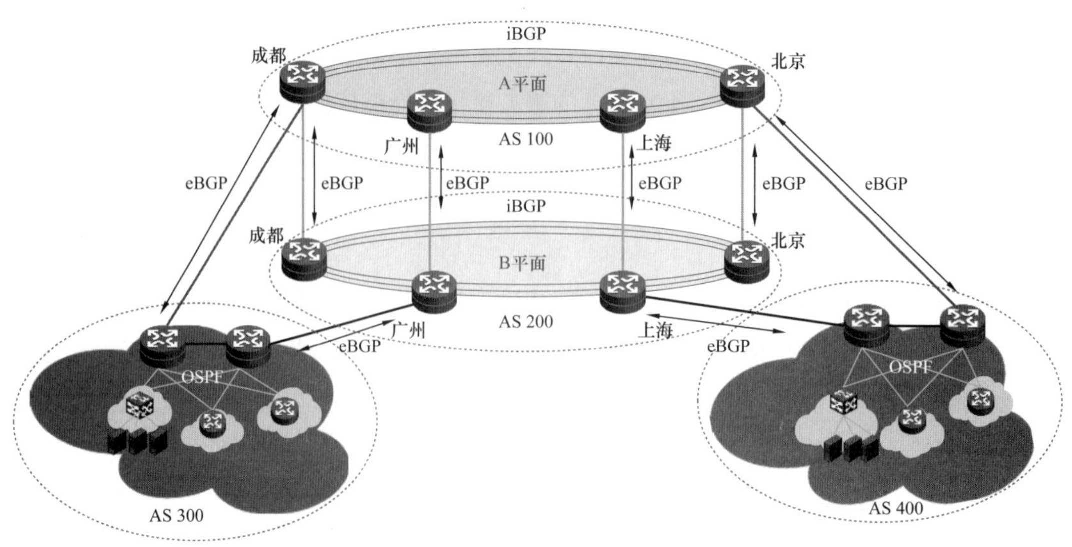

图 2–7　企业单网双平面总体路由设计

选择具备灵活策略控制的路由协议是单网双平面设计首选。边界网关协议（Border Gateway Protocol，BGP）拥有丰富的路由属性，具备极强的路由策略和路由过滤控制能力，能够灵活实现路由优先级调整和路由过滤。因此，广域骨干网采用BGP协议来完成业务路由的传递和发布。骨干平面内的骨干路由器间、区域网络中心两台接入路由器间部署内部BGP协议（Internal Border Gateway Protocol，iBGP），骨干平面间、骨干平面和区域中心间的路由器邻接采用外部边界网关协议（External Border Gateway Protocol，eBGP）。

区域中心内部网络用开放式最短路径优先（Open Shortest Path First，OSPF）路由协议承载业务路由。A、B骨干网络平面内使用OSPF协议通告各骨干路由器的环回（lookback）地址，保证各骨干路由器的网络连通性。

2.1.3.3 BGP团体属性规划

通过BGP的团体属性，对业务路由进行属性标识及策略控制，在各个数据中心和区域中心接入路由器上分别对各类业务路由进行属性标识，并在骨干传输网的各个骨干路由器及接入路由器配置业务路由过滤策略及本地优先的策略，对业务路由进行精细控制和按需通告，满足网络业务流走向的规划需求。

团体属性是单网双平面通过路由规划实现业务流走向的重要设计。网络中路由策略除了通过优先级、下一跳设计，其他大都是基于BGP团体属性来进行规划部署的。因此，团体属性规划的优劣，直接影响到单网双平面网络的灵活性及可扩展性。设计采用分段进行，用团体属性前两个字节表示类别，后两个字节表示属性，例如：使用团体属性“65500：100”表示实时性较高的应用系统的路由（从A平面转发），“65500：200”表示链路资源需求较大的应用系统的路由（从B平面转发）。路由接受者可以根据路由团体属性确定路由来源，进行上下行路径的选择。

2.1.4 基于业务特征的服务质量保证

广域网根据业务需求部署服务QoS策略，需要进行详细的服务质量设计。对于大部分基本QoS规划，大都选择通用的基于类的队列（Class Based Queueing，CBQ）的QoS技术，使用队列调度技术来进行端口各业务流量的调度。该队列技术融合优先队列（Priority Queueing，PQ）与用户定制队列（Customized Queue，CQ）设计思路，同时提供加权公平队列（Weighted Fair Queueing，WFQ）转发设计，是一种相对全面的QoS队列调度技术。精细的广域网QoS设计部署则需要掌握更多的报文转发与队列调度的细节。

随着网络规模越来越大、业务种类日益增多，需要制订更精细化的QoS策略来保障业务的可用性。但对QoS进行监控，就需要提供每个QoS队列的流量和应用占比的量化依据，能够对已部署的 QoS 策略进行审计和评估。所以，需要在流量分析平台针对 QoS 部署进行监控，以便及时了解 QoS 实施效果并提供策略调整的数据依据。

2.1.5 远程分支的接入实现

对于企业的广域网建设，尤其是大型跨地区企业，分支机构分布于各个地区，远程分支的接入已经成为广域网接入的一种常态，对于金融、能源和零售业等行业最为突出。为了提高分支机构办事效率，加强分支机构各种业务的服务能力，降低成本，满足客户多元化服务的需求，安全可靠的广域网建设是业务正常开展及可靠传输的关键环节。

从企业分支数据流传输通道安全性考虑，为小型分支结构及移动用户营造安全的接入环境，可采用虚拟专用网络（Virtual Private Network，VPN）的接入方式提供支持。对于成员企业与总部间的传输链路，在保证安全的前提下利用 VPN 进行加密，保证统一 VPN 安全传输。

广域网远程接入方案设计需要考虑成员企业与总部之间业务的安全可靠访问和及时交付能力。企业分支综合 VPN 接入组网架构如图 2-8 所示，可重点关注以下两个方面。

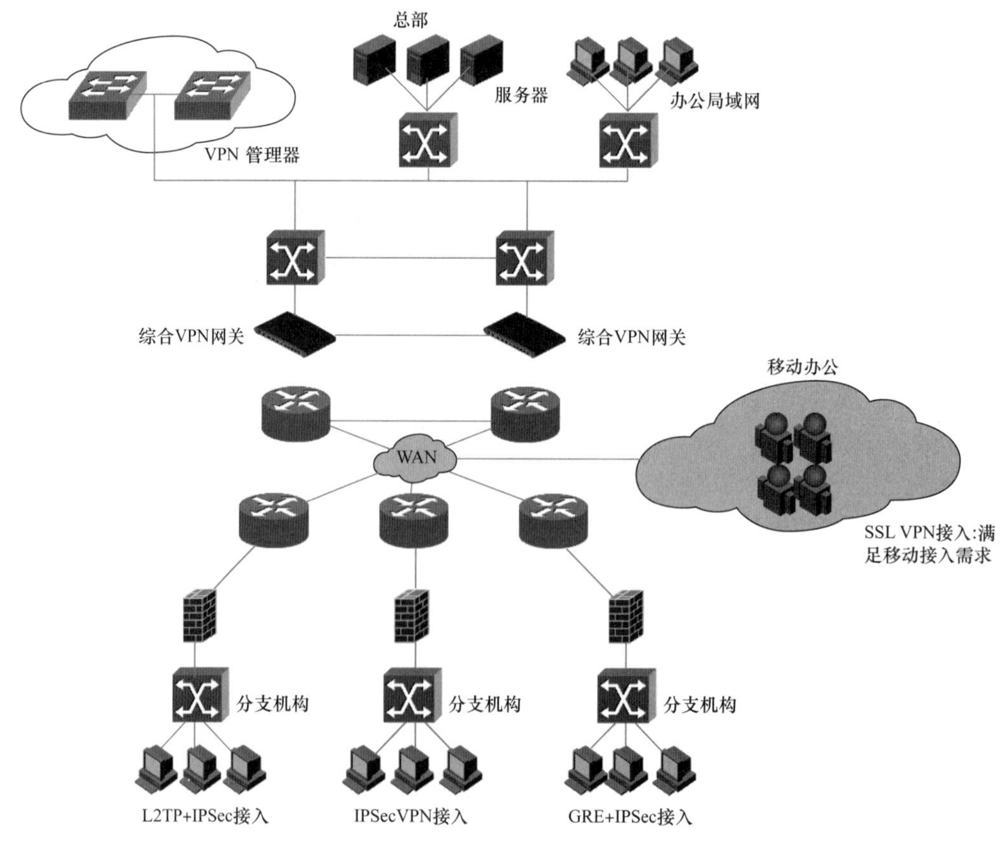

图 2-8 企业分支综合 VPN 接入组网架构

2.1.5.1 构建综合的 VPN 接入平台

不论采用专线方式接入或采用互联网进行广域分支的互联，为保证传输通道加密安全，都应采用合适的 VPN 技术来进行数据加密传输。由于企业的需求多样化，部署综合的 VPN 接入平台有不同的实现方式。

（1）按接入方式需求选择 VPN 技术实现。为了实现有线网络远程分支接入点与总部的数据安全，选择点到点安全互联网协议（Internet Protocol Security，IPSec）+VPN 实现分支与总部的链路加密，如果考虑路由协议的交付，可采取通用路由封装（GRE，Generic Routing Encapsulation）+IPSec 方式。

（2）按照员工访问需求选择 VPN 接入方式。如需访问较多企业内部网络中的资源，建议采用第二层隧道协议（Layer2 Tunneling Protocol，L2TP）+IPSec 远程接入方式；合作方员工远程接入访问，采取安全套接层（Secure Sockets Layer，SSL）VPN 方式进行，用户无需安装客户端软件。

（3）对总部信息资源访问，严格限制 SSL VPN 接入访问。对于可靠性方面，总部的 VPN 网关需采用高可用性（High Available，HA）双机热备部署，当出现故障时，保证双机业务相互切换。

（4）从设备选择角度考虑，建议分支机构采用多功能安全网关。总部 VPN 网关选择上，如是中小企业，可选择 IPSec VPN 与 SSL VPN 网关合一进行部署。对大型广域网，可旁挂部署高性能 SSL VPN 网关并配合高性能 IPSEC VPN 网关以实现综合 VPN 接入。

2.1.5.2 统一安全管理平台建设，实现对全网的安全管控

建立完备的安全管理平台，不仅能够对整个广域网络众多设备进行统一的配置管理，还可以作为全网安全事件的统一集中处理平台，收集整网安全日志并进行关联分析，寻找可能出现的安全事件，进而为安全防护策略的制订及推送提供数据基础和定位策略，实现最初安全事件监控、关联分析、策略响应和再监控的闭环操作。

2.2 跨国广域网

海外业务是特大型企业新的业务增长点。开展海外业务初期，各成员企业不同程度自行建设了海外广域网络。此时的网络只处于“联通”的程度，信息共享水平较低，距离高可用性、高可靠性和高安全性的信息化要求差距很大。通过集中统一的跨国广域网络建设可以大幅度提高数据、信息管理水平，提高决策效率，降低用工和生产管理成本，实现集约化资源管理和全球化生产经营，提升国际化竞争力。

2.2.1 跨国广域网络需求

一般来说，企业跨国广域网主要有以下三个方面的需求。

2.2.1.1 建立统一的跨国广域网络

初期只有少数的成员企业建立海外网络，同时这些网络的链路带宽资源相对比较紧张，无法满足多种应用的需求，且各单位网络相对独立，无法进行共享。因此，建立一个集中统一的跨国广域网络就成了企业发展的必然要求。

跨国广域网络建设要能够充分满足海外业务应用系统需求，在保证该网络的安全性、稳定性及高效性的基础之上，还要考虑网络可扩展性。

2.2.1.2 建立完善的跨国广域网络管理平台

根据海外网络的现状，应建立一套完整的网络管理架构，负责海外各级网络的运行和维护。海外的网管建设应以国内网管作为基础，结合海外网络情况建立适合海外信息技术运行维护的网管系统。具体需求为：根据海外网络建设的层次架构，海外的网络管理架构要与建设架构相配套。由于目前一些国家的网络带宽受限，所以网络管理系统只对最重要的网络节点和关键链路进行监控和管理，网络管理系统必须将各项重要服务纳入监控之中。

2.2.1.3 增强海外数据保密性

跨国广域网络建设的情况很特殊，除了技术方面的考虑，还需要权衡政治和地域等因素。

租用国外运营商，链路经过经济发达和信息化程度高的国家，存在的网络安全风险越高。一些国家对数据加密、存储、传输有本地的法律法规和监管措施，网络架构设计要充分考虑自身数据保密性要求，考虑符合所在国合规性要求，采取适当的加密解密措施、密码措施等等。

在数据传输过程中可能面临的威胁有：

（1）截获：从网络上监听、窃取他人进行交换的信息内容。

（2）篡改：恶意篡改网络上传送的信息。

（3）伪造和仿冒：伪造或者仿冒信息后在网络上传送。

（4）阻断：恶意终端数据传输。

2.2.2 网络结构选择

常见的网络拓扑有两种，集中接入方式和适度集中接入方式。

2.2.2.1 集中式接入方式

海外分支机构的网络直接连接到国内总部，中间不经过任何节点，国内总部的路由设备负责处理与各个海外机构的网络连接，各个分支机构之间的通信通过国内总部连接。集中接入方式如图 2-9 所示。

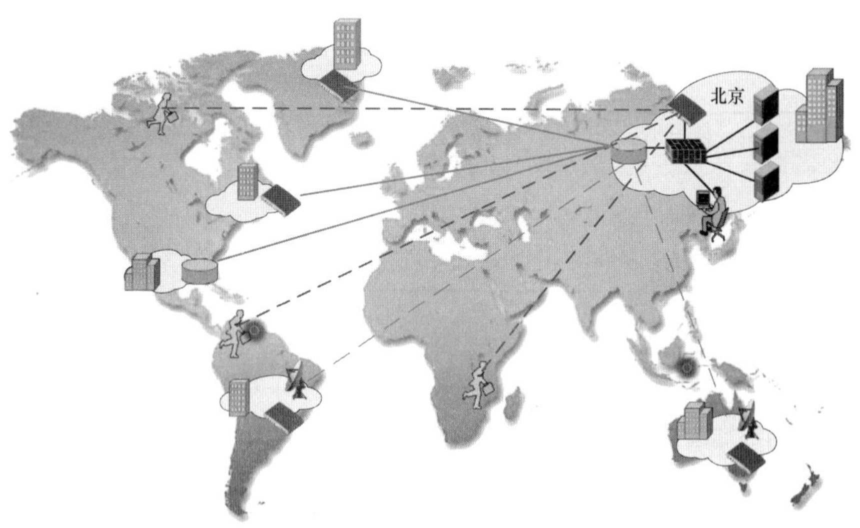

图 2-9 集中式接入方式

2.2.2.2 适度集中接入方式

某个区域所在分支机构根据实际情况选择接入区域网络中心或直接接入国内总部。区域网络中心通过卫星专线和地面专线冗余连接至国内总部。适度集中接入方式如图 2-10 所示。

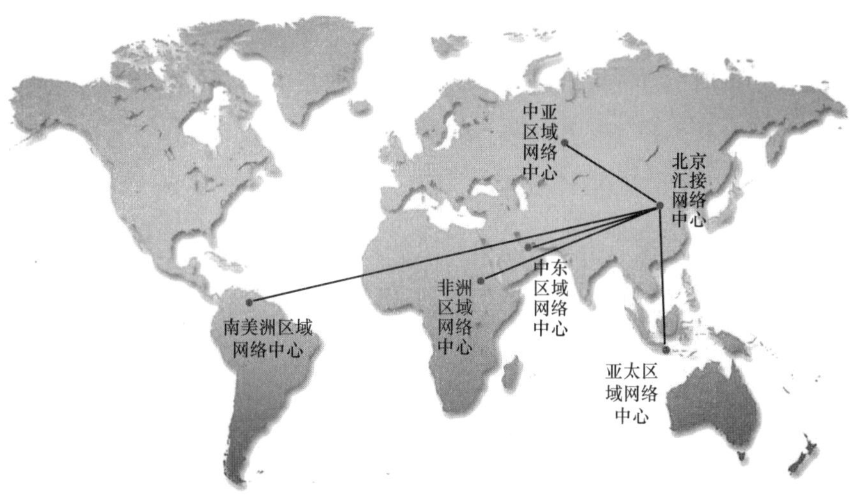

图 2-10 适度集中接入方式

2.2.2.3 两种方式比较

集中接入方式链路单一，容易发生单点故障。适度集中接入方式中，海外分支机构根据需求选择接入区域网络中心或者直接接入国内总部，这样总体拥有成本比第一种方式低约40%，同时还能保障整体网络的性能。区域网络中心至国内总部卫星专线和地面专线冗余备份，解决了单点故障对网络造成影响。表2-2是两种接入方性能对比。

表2-2 网络结构对比

	支持性	需求带宽	管理性	延迟	效率	安全性	扩展性	成本
集中接入方式	好	高	一般	高	低	高	好	高
适度集中接入	好	中	好	中	高	高	好	中

2.2.3 海外区域中心选址

区域中心的地址选择遵循如下原则。

2.2.3.1 靠近业务中心

网络建设是为业务服务的，若区域中心所在地的业务占该企业海外业务总量比例较大，且在该地区有大量的分支机构聚集，可大量节约从分支机构到汇聚点的链路费用。

2.2.3.2 网络通达性好

网络条件较好的城市，附近国家的机构接入就方便，具备链路可选性和有足够的剩余带宽可供利用。

2.2.3.3 有利于长远发展

选址工作要考虑到企业海外战略的合理布局和业务市场开拓，要有利于获得新技术、新思想，要考虑如何更有效地利用信息手段参与国际竞争。

2.2.3.4 政治经济稳定

在满足以上条件的同时，要考虑选址国家的电信政策及政治经济因素，选择更有利于进行海外网络和应用系统建设的，政治经济比较稳定的国家、城市。

2.2.4 安全接入模式

跨国广域网络同国内网络一样，也不可避免存在许多安全隐患，如信息泄露、信息窃取、数据篡改和病毒攻击等，同时还有其自身的特殊性，风险更大。

2.2.4.1 安全防护原则

跨国广域网络安全要整体规划，按照海外区域中心域间、区域中心内部、分支机构多层次分区域，从区域到终端多角度、多手段进行安全防护，保障企业海外信息安全。

2.2.4.2 区域中心域间安全防护

各个区域中心均为所在业务集中区域的骨干节点，负责该区域分支机构的接入汇聚，由于海外业务区域对信息化需求的差异化，造成各区域中心定位不尽相同。由于当地网络资源环境的复杂化，以及海外员工国籍及身份的多样化，对网络安全的防护提出了更大的挑战。

首先，对来自各区域的数据流量进行分析，对存在的入侵行为、安全威胁进行监测，发生违规行为或安全事件后，能够根据记录的内容进行追溯，发现数据流量中包含拒绝服务攻击等异常流量时，对数据流量进行过滤，清除异常数据流量，保留正常的用户访问数据，提高网络的抗风险能力。

其次，通过对海外不同区域的安全区域划分，配置一套高性能的防火墙设备，通过结合地区间应用系统的具体要求，设置统一的安全策略，达到信息网络关口信息流量的安全控制，保证安全区域内用户的网络畅通，杜绝非法用户入侵带来的安全风险。

还要对海外区域中心的专线链路进行加密，有效防止数据在传输过程中被窃取泄密。特大企业集团海外网络拓扑如图 2-11 所示。

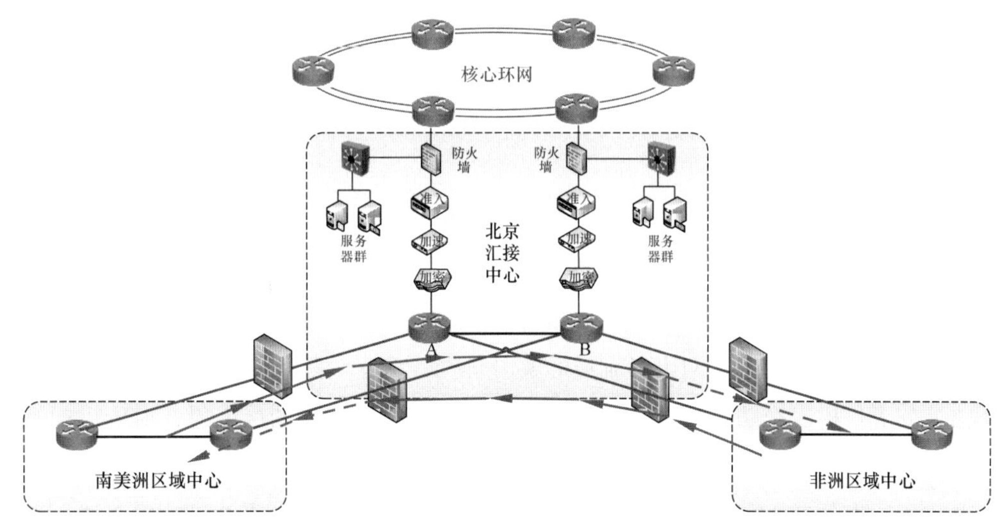

图 2-11 特大型企业集团海外网络拓扑图

2.2.4.3 区域中心内部安全防护

跨国广域网络区域中心作为整体架构的核心层，通过双链路上联国内北京汇接中心。在区域中心所在国当地部署互联网出口，负责该区域分支机构的接入，同时根据当地实际需求部署相应应用服务器，是海外网络重要节点，也是安全防护的主要阵地。

通过在骨干链路两端部署加密系统，同时在分支机构部署小型加密设备，从数据传输源头开始加密，保障分支机构接入的安全性；另一方面在区域中心互联网出口部署网络边界防护系统，实现对互联网出口的立体防护，并实现对出口流量的实时管控。

（1）链路两端部署加密机。加密系统是保护企业网络数据安全传输的必要设备，在保障企业广域网数据安全方面发挥着核心和关键的作用。

在网络信息系统的数据保密安全解决方案中，速度成为影响网络性能的关键指标。针对用户的网络信息系统的应用环境、技术特点和安全需求，如何稳定可靠、安全可控、快速高效地解决用户网络信息的保密问题及密钥管理问题，是数据链路加密系统管理的重点任务。

海外各个区域中心至国内的骨干链路两端分别部署加密机，同时在分支机构部署接入型加密机，主要面向数据链路传输领域的信息安全防护。该加密机部署在各个企业专属网络的主干链路位置，能实时加密、解密各类业务数据，并具有身份认证、访问控制、密钥销毁等安全防护能力；在设计和实现过程中，严格遵守国家相关法规和标准规范要求，采用经国家密码管理局审批的密码卡生成随机数，因此具有很高的安全性和实用价值。组网模式如图 2-12 所示。

（2）安全域边界防护。为了弥补专线链路不足，海外区域网络中心依托各企业分支机构自行租用的当地互联网出口，统一按照国内互联网出口安全防护标准，配备相关安全设备，在区域网络中心互联网出口部署安全域边界防护设备，并建立隔离区（demilitarized zone，DMZ）提供对外服务，既能保证各单位有充足的专线网络可以利用，又可以满足各企业分支机构在本地连接互联网的需求。

安全域边界防护系统包括核心防火墙、应用负载均衡设备、边界防火墙、链路负载均衡设备、边界路由器、异常流量清洗系统、管理服务器、数据存储设备、接入交换机、代理服务器设备、入侵检测设备和审计设备等安全产品。整套系统的部署实现对互联网出口的立体防护，并实现对互联网出口流量的实时管控，将安全防护效果最大化。

（3）分支机构安全防护。海外分支机构作为海外网络架构的接入层，由于机构所处位置、规模大小、安保等级等不同，对安全防护也有不同要求。不同机构的差异性及复杂性造成无法整体设立统一的安全防护策略，但是可以分析共性，为所有机构安全接入提出基础的安全标准。

分支机构通过专线或者 VPN 多种方式接入到区域中心，为保障链路安全在分支机构部署满足实际需求的加密设备，并建设终端防护及针对国际化员工的身份鉴别系统。从资源合理利用角度考虑，部分系统可统一建设部署于区域中心，提供服务给各分支机构使

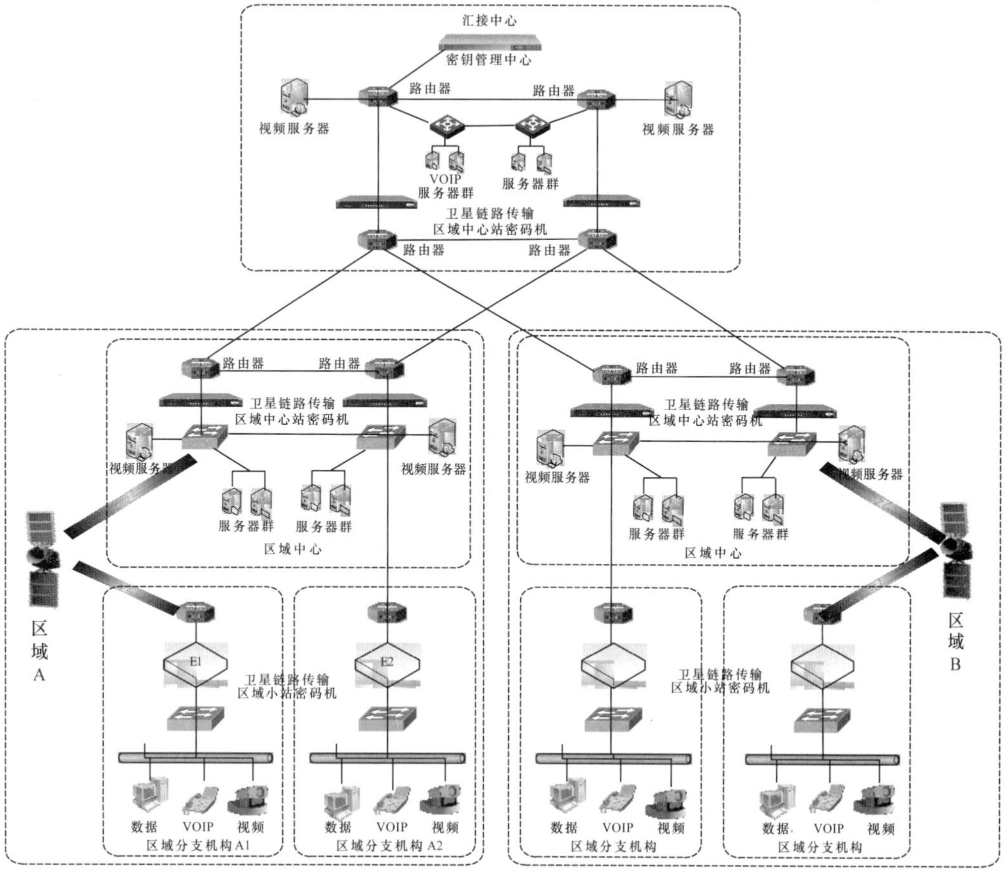

图 2-12 组网模式

用。分支机构安全可采取以下措施：

（1）一是部署接入型加密设备。在链路传输区域中采用接入型加密机的方式对链路加密，主要功能为数据传输加解密、策略管理和安全审计。接入型加密设备部署如图 2-13 所示。

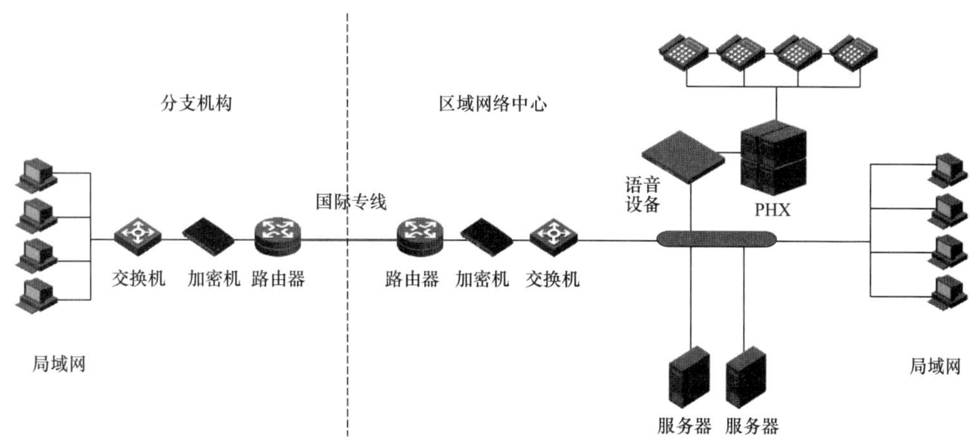

图 2-13 接入型加密设备部署

（2）二是实施应用身份管理与认证系统。应用企业统一的身份认证系统，主要承担以下几项功能：

① 统一身份认证。与各海外业务应用信息系统集成，为应用信息系统提供统一身份认证和单点登录功能。

② 集中身份管理。集中管理用户身份信息，实现用户账号管理相关的一系列审批和操作流程，实现统一用户身份视图，并形成用户与身份信息的唯一对应关系。

③ 统一身份存储。承载所有统一认证用户身份视图，提供各信息系统共享的身份目录服务。

（3）三是实施终端防护。终端防护的“桌面安全系统”主要包括防病毒及终端准入系统和内网安全系统。

防病毒及终端准入系统，可以为笔记本、台式机和服务器提供恶意软件防护能力，如恶意软件、零日攻击和不断变化的间谍软件，达到对用户终端的安全防护。

跨国广域网络安全系统通过对安全事件的事前预防、事中监控和事后审计，实现终端环境中安全事件行为的全方位管理，涵盖所有个人桌面（台式机、笔记本电脑等）及相关外设等桌面终端，保障终端的信息安全。

2.3 小结

国内大型企业大多数都建设了地域广、用户数多的广域网。随着全球化发展，很多企业实施走出去战略，开展海外业务市场，与之相适应，企业信息技术网络也逐步走向海外，同时也呈现了不同的特点和需求。本章介绍了大型企业广域网建设思路，在国内广域网建设方面，提出了层次化的网络架构规划，动态可调整的网络流量模型，灵活可靠的路由设计及服务质量保障模型，远程分支机构或者边远单位接入方法，对大型企业国内广域网建设具有借鉴意义，一些概念和方法对国内网络设备厂商也产生了积极的影响。在跨国广域网建设方面，根据其建设时间与国内广域网不同步、网络覆盖范围跨多个国家、需求复杂等特点，介绍了网络结构设计规划、区域中心选址和安全接入模式等。

3　企业局域网

企业局域网建设的主要目标是建设高效、可靠的生产及办公网络，使企业的业务数据在网络中高效、稳定的传输，支持企业主营业务。一般情况下，企业局域网需要经历多年建设、运营及管理，并不断完善，逐渐积累相应的管理经验。但随着企业信息化的快速发展，企业对局域网还会不断提出更高要求。本章以企业局域网建设中需要解决的问题和需求为出发点，阐述企业局域网建设的应用规划方法，通过成果展示各类规划方法在企业局域网建设中的应用。

3.1　企业局域网建设的现状和需求

3.1.1　企业局域网建设的现状

在企业数字化转型时期，企业为保障自身生产业务有效运行，开始陆续进行企业局域网建设。受应用系统投用或业务数据应用时间等影响，多数企业局域网建设都是在缺乏整体建设规划的情况下进行的，通常会存在不少问题。比如网络设计和规划没有成熟和完备的方案作为支撑；修补式的性能提升经过长期的演变造成安全隐患的上升和网络节点故障率的增加；网络管理人员疲于修复故障补丁；企业不同部门根据各自需求，自行建设，产生多个独立网络，既缺乏业务保障，其性能又无法融入企业整体网络中，还造成企业网络结构凌乱，企业局域网建设及投资重复。

3.1.2　企业局域网建设的需求及发展

企业局域网建设要满足业务和信息化发展需求，符合规范化设计，在不断应用新技术的前提下进行，必须将性能挑战转化为强有力的技术支撑和保障，必须实现视频、数据和语言多种应用的资源自动分配，解决设备扩展和性能及投资保护之间的矛盾。为企业构建高效、稳定、低成本的信息传输平台，有效支持企业主营业务发展。

3.2　企业局域网建设规划

企业局域网的建设要满足企业信息化规划整体目标。按照企业应用系统建设的需求，通过有效、合理的论证，制订科学和完整的规划，并严格依据规划组织实施。

企业局域网建设规划分为网络架构规划、网络地址规划、路由规划及链路规划等。

3.2.1 网络架构规划

企业局域网建设的网络架构规划，即企业局域网的组网模型，从层次上可划分为核心层、汇聚层和接入层三层架构模型。从企业局域网规模和业务应用密集程度上可划分为：网络节点 / 应用系统高度密集型网络架构模型、网络节点 / 应用系统中度密集型网络架构模型、网络节点 / 应用系统相对分散型网络架构模型等三种。

企业依据自身规模、业务的不同，可以采用不同的网络设计架构。根据不同的网络设计架构，企业局域网建设所需投入的成本和周期也不同，从高度密集型网络到相对分散型网络架构，其业务保障效果和网络冗余程度也相对由高到低。

3.2.1.1 网络节点 / 应用系统高度密集网络架构模型（架构模型一）

网络节点 / 应用系统高度密集网络架构模型，适用于大型企业，如图 3–1 所示。

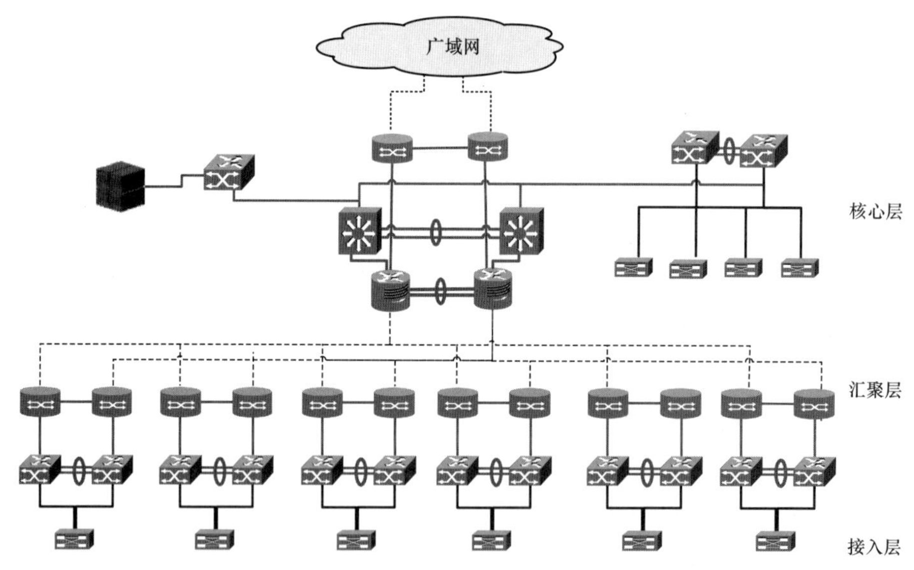

图 3–1 网络节点 / 应用系统高度密集网架构模型

该模型中，企业网络用户数众多，网络节点部署范围大，专业应用系统部署高度密集，多种业务对网络性能要求和冗余要求敏感、苛刻。

进行大型企业局域网架构设计时，在设备方面应采用性能更好的核心层和汇聚层网络设备，并设计成双核心、双汇聚层及双链路的完整网络拓扑架构模型，以增强网络处理能力，提高网络冗余能力。此种网络构架模型的优点是能够大幅提高网络的可用性、可靠性和冗余性，是目前国内外各行业中所采用的主流网络结构，这种网络结构的应用可使企业局域网在可靠性和稳定性方面上得到大幅度提升。

随着企业信息化程度越来越高，业务及应用系统日益增多，网络节点/应用系统高度密集型网络架构更能够兼顾企业重要业务流量的分布式控制和专业应用的双向冗余。

3.2.1.2 网络节点/应用系统中度密集网络架构模型（架构模型二）

网络节点/应用系统中度密集网络架构模型如图3-2所示，该模型适用于大型、中型企业。该类企业网络用户数众多，网络节点部署范围大，应用系统部署密集，部分业务有网络性能要求和冗余要求。

进行此类企业局域网架构设计时，应考虑建设成本、资源利用率及网络可靠性、稳定性等因素，在应用优先级较高的关键汇聚网络节点上，采用双汇聚上联双核心的拓扑结构，而在应用优先级略低的节点上，采用单汇聚双上联的方式。这样既保障了关键业务的网络高效冗余、稳定，同时又有效降低了网络建设和运行维护成本，在最大限度保护投资的基础上，提升整体网络结构的冗余性、可靠性，最终使得应用系统达到高可用性。

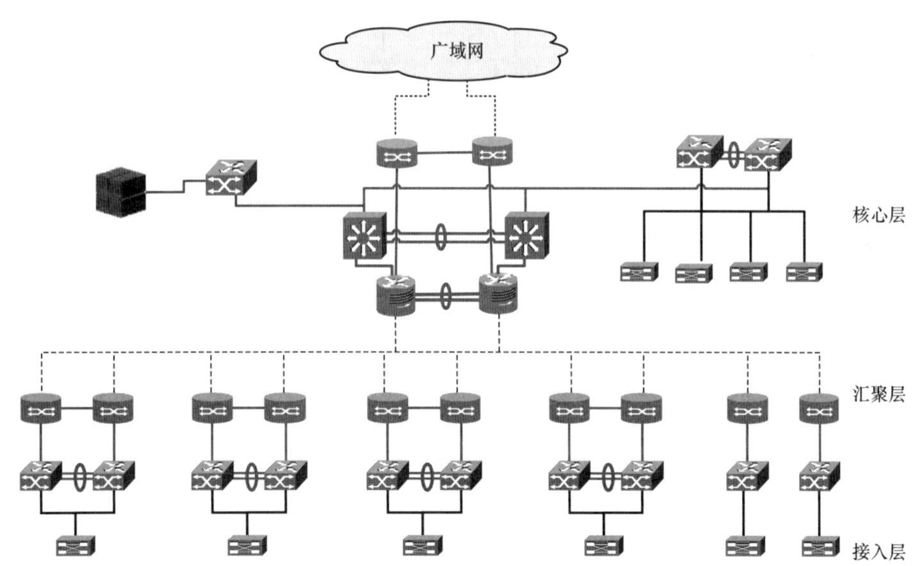

图3-2 网络节点/应用系统中度密集网络架构模型

3.2.1.3 网络节点/应用系统相对分散网络架构模型（架构模型三）

网络节点/应用系统相对分散网络架构模型如图3-3所示，适用于中型、小型企业。该类企业网络用户数不多，网络节点部署范围较小，专业应用系统部署相对分散，业务对网络性能没有明确的要求。

进行网络节点/应用系统相对分散企业局域网架构设计时，可以设计为双核心、单汇聚网络结构。汇聚层采用双链路上联到两台核心设备，接入层则采用单链路连接到汇聚层设备。该设计中有核心层和汇聚层之间的链路冗余，能够在一定程度上保障关键业务的可用性。

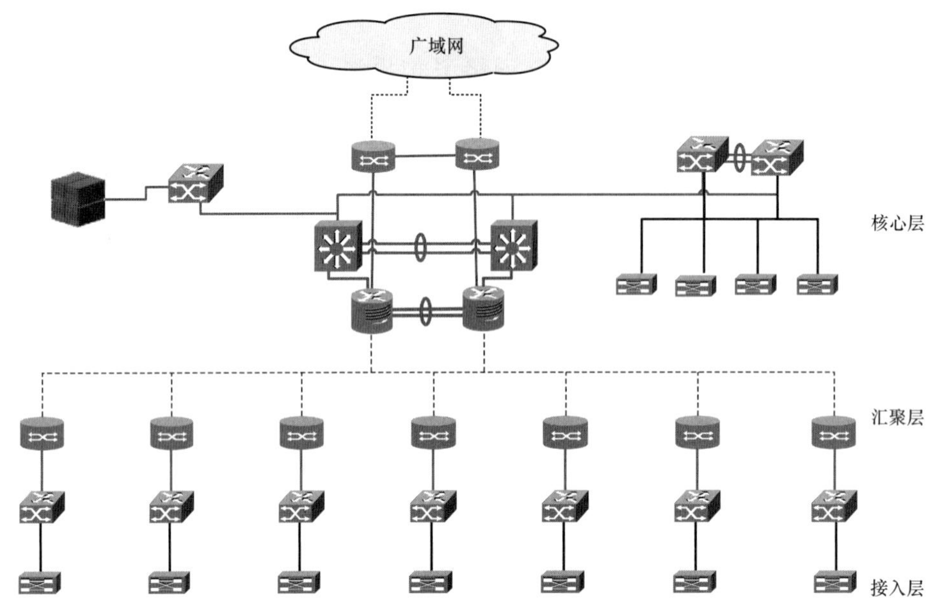

图 3-3 网络节点 / 应用系统相对分散网络架构模型

3.2.1.4 架构模型组网性能及特点

三种架构模型组网性能及特点对比见表 3-1。

表 3-1 三种架构模型组网性能及特点对比

组网模型	可靠性	网络整体冗余程度	专业应用系统支持程度	网络结构完善程度	适用企业规模
架构模型一	高（7×24）	高	高	高	特大型、大型
架构模型二	高（7×24）	高	高	中	大型、中型
架构模型三	中（7×24）	中	中	中	中型、小型

（1）架构模型一的特点。企业局域网建设规划、设计采用层次化的三层结构，即核心层、汇聚层和接入层。在核心层和汇聚层之间，均采用双设备、双链路设计。在实现设备和链路冗余的基础上，充分保证网络的高可靠性，并为关键业务提供有效的应用环境。在满足了业务 7×24h 不间断的同时，更有力地支持网络中专业应用系统的应用，整体网络架构更完善。架构模型一适用于对性能和可靠性要求高的企业。

（2）架构模型二的特点。网络整体可靠性略低于架构模型一组网设计，高于架构模型三组网设计，提供冗余设计，保证网络稳定、可靠。此架构模型综合考虑网络性能、建设成本和资源利用率等因素，根据企业网络的实际情况在一定范围内有选择地进行冗余设计与建设，既节约了成本，又保证了网络可靠性和稳定性，适合有经济条件限制的企业进行局域网建设。

（3）架构模型三的特点。采用层次化三层结构，将网络核心部分部署成双核心设备，汇聚层采用双链路上联到两台核心设备上，接入层则采用单链路连接到汇聚层设备。网络的双核心架构保证了网络的汇聚层到核心层之间的链路冗余和备份，能够在一定程度上保障关键业务的可用性。虽然采用了三层结构和冗余设计，但面对应用系统需求的冗余度不强，在全网可靠性、稳定性方面略显不足。适用于对性能要求相对较低但对稳定性要求高的企业，此方案的投资成本较架构模型一、架构模型二组网实现的方案低。

3.2.2 网络地址规划

企业局域网建设中，基于互联网协议（Internet Protocal，IP）网络地址规划是整体设计中首先要考虑和面临的问题，良好的 IP 地址规划要考虑地址是网络设备使用还是终端设备使用，是静态方式分配还是动态方式分配，是企业私有管理还是公网应用，以及分配地址的连续性、扩张性和管理性等诸多问题。完善的地址规划可以在有效使用地址资源的情况下，加强对整体网络的管控，提升网络的性能。

企业局域网建设中 IP 地址规划需从整体规划原则和分类规划原则两方面进行，见表 3–2。

表 3–2 IP 地址规划原则

IP 地址规划原则	整体规划原则	唯一性	一个 IP 网络中不能有两个主机采用相同的 IP 地址。即使使用了支持地址重叠的 MPLS/VPN 技术，也尽量不要规划为相同的地址
		连续性	连续地址在层次结构网络中易于进行路径叠合，大大缩减路由表，提高路由算法的效率
		扩张性	地址分配在每一层次上都要留有余量，在网络规模扩展时能保证地址叠合所需的连续性
	分类规划原则	Loopback 地址	Loopback 接口的管理地址。Loopback 地址务必使用 32 位掩码的地址。最后一位是奇数的表示路由器，是偶数的表示交换机，越是核心的设备，Loopback 地址越小
		互联地址	互联地址是指两台网络设备相互连接的接口所需要的地址，互联地址务必使用 30 位掩码的地址。在规划时要充分考虑使用连续的可聚合地址
		业务地址	业务地址是连接在以太网上的各种服务器、主机所使用的地址及网关的地址，业务地址规划时所有的网关地址统一使用相同的末位数字，如：“.254”都是表示网关
		局域网内部的 IP 地址	建议在企业局域网内部使用私网 IP 地址，在边缘网络通过 NAT 转换成公网地址后接入公网。在规划的时候需要考虑路由聚合，减少网络中路由数目

企业局域网建设及应用中，IP 地址静态分配要和动态分配相互配合使用。多数情况下，如服务器、视频监控设备及生产设备建议采用静态 IP。办公用设备，如个人办公用计算机、移动电话等，建议使用动态主机配置协议（Dynamic Host Configuration Protocol，DHCP）动态获取。IP 地址动态分配情况下，建议启用网页（web）认证、远程用户拨号认证（Remote Authentication Dial In User Service，Radius）或采用加密口令卡的身份认证方式以加强管理。

3.2.3 路由规划

在网络建设中，路由规划是众多设计规划中最为重要的规划，一个网络路由规划的好坏，直接决定这个网络可用性和整体网络性能。

企业局域网建设中，通常采用动态路由和静态路由相结合的方式。动态路由作为主协议路由，静态路由作为动态路由的辅助。目前网络中所应用的主流动态路由分别为开放最短路径优先协议（Open Shortest Path First，OSPF）和边界网关协议（Border Gateway Protocol，BGP）两种，各大网络厂商设备均能全面支持此两种协议。

根据业界通行的做法，企业网络中多数采用 OSPF 协议作为全网的路由协议。本章路由器规划以 OSPF 协议为例，来说明企业局域网建设中的路由规划。

3.2.3.1 开放最短路径优先协议（OSPF）

OSPF 协议是一个开放链路状态协议，使用最短路径优先算法，通过路由最短路径计算和发布，以及定时增量更新，使得路由收敛快速并高效。OSPF 路由协议支持路由验证，只有互相通过路由验证的路由器之间才能交换路由信息，并且可以对不同的区域定义不同的验证方式，提高网络的安全性，OSPF 路由协议支持多条开销（Cost）相同的链路上的负载分担。

企业局域网建设中，OSPF 规划由设备接口地址规划、OSPF 核心区域规划和 OSPF 边缘区域规划等几部分组成。

（1）OSPF 设备接口 IP 地址规划

考虑 OSPF 设备接口规划、区域标识和路由标识（Route ID）等部分 IP 地址的分配，其中 Route ID 建议采用 Loopback 接口 IP 地址。

（2）OSPF 骨干区域规划

OSPF 路由协议中的骨干区域（Backbone），属于这个区域的网络核心设备及连接核心设备的接口。骨干区域以 Area0 标识，此区域必须是连续的，同时也要求其余区域必须与骨干区域直接相连。

核心设备与区域边界设备上联接口作为 OSPF 的 Area0，区域边界设备作为自治系统边界路由器（Autonomous System Boundary Router，ASBR）和区域边界路由器（Area Border Routers，ABR）。每个核心接口与下联的边界设备部署为不同的 OSPF Area ID 1，2，…，N。

（3）OSPF 边界区域规划

边界设备和核心部署为不同的 OSPF Area ID 1，2，…，N，各边界设备形成不同的区域，各区域使用末梢（Stubby）或非末梢（Not-So-Stubby Area，NSSA）特性，降低链路状态广播（Link-State Advertisement，LSA）在区域间的传播，减少路由条数，提高网络路由表稳定性，OSPE 区域划分模型如图 3-4 所示。

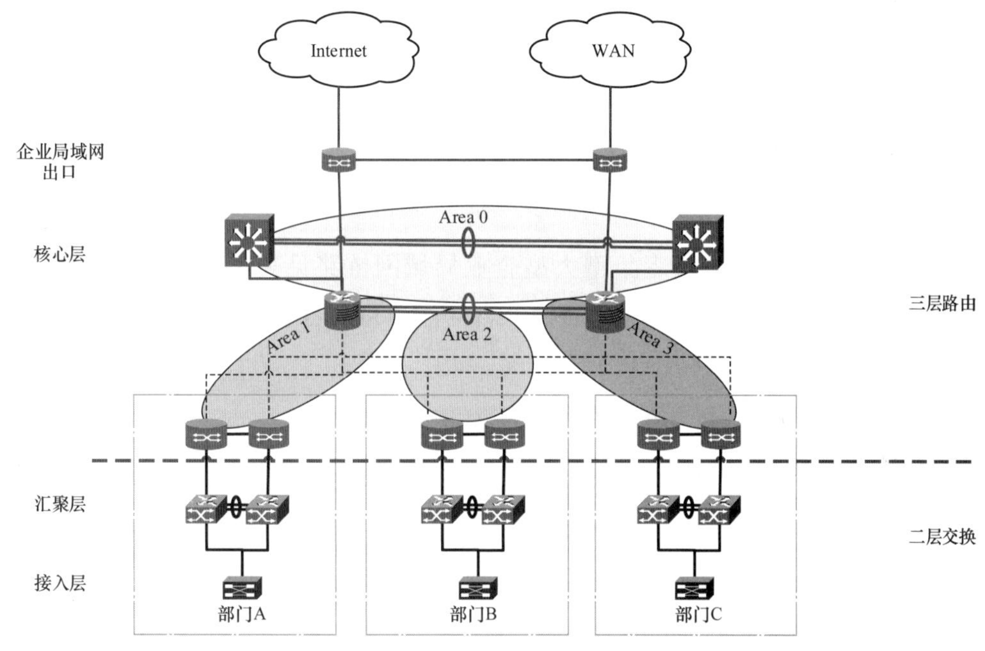

图 3-4 OSPF 区域划分模型

3.2.3.2 边界网关协议（BGP）

边界网关协议（BGP）是一种用于自治系统（AS）之间的动态路由协议，主要用于交换 AS 之间的可达路由信息，构建 AS 域间的传播途径，防止路由环路的产生。BGP 属于外部或域间路由协议，与 OSPF、路由信息协议（Routing Information Protocol，RIP）等内部网关协议不同，着眼点不在于自动发现网络拓扑，而是在 AS 之间选择最佳路径和控制路由的传播，主要为处于不同 AS 中的路由器之间进行路由信息通信提供保障。在企业局域网使用 BGP 协议，基本考虑 Router ID 的规划和 AS number 的规划两个方面，其中 BGP 协议的 Router ID 与 OSPF 的 Router ID 共用一个；BGP 协议使用都是私有的 AS number。

3.2.4 链路规划

企业局域网建设中，网络链路设计是整体规划中的一个重要环节，决定着一个网络的效率及可用性。

从网络规划角度看，网络的链路设计，对整体网络建设和网络整体性能有着决定性的作用；从业务应用角度看，应用系统的需求确定网络建设所使用链路，链路更是应用系统的支撑通道；从整体角度看，链路的规划是网络建设的制约条件，也是网络发展的推进力量。

企业局域网建设的过程中，链路成本是整体建设中重要花费之一，无论自建链路，还是租用电信运营商链路，这部分费用都无法避免，也在很大程度影响着企业局域网建设成本。

基于网络架构规划的三种模型，大型、中型、小型企业在局域网建设中可以采用不同的网络链路。

网络节点 / 应用系统高度密集型大型企业局域网链路见表 3–3，其中基于同步光纤网络 / 同步数字体系网络包交换 POS（Packet Over SONET/SDH）链路技术支持光纤介质。

网络节点 / 应用系统中度密集型企业局域网链路见表 3–4。

网络节点 / 应用系统相对分散型小型企业局域网链路见表 3–5。其中支持通道化的 POS 接口（Channelized POS，CPOS）不作为业务口使用，而是作为控制口使用。基于 SDH 的多业务传送平台（Multi–Service Transfer Platform，MSTP）可同时实现多业务接入、处理和传输，提供统一的多业务节点。

表 3–3 网络节点 / 应用系统高度密集型大型企业局域网链路

<table>
<tr><th>链路区间</th><th>链路类型</th><th>带宽</th><th>链路冗余</th><th>备注</th></tr>
<tr><td rowspan="2">核心到核心</td><td>POS 链路</td><td>10G/2.5G</td><td>冗余</td><td></td></tr>
<tr><td>以太网链路</td><td>10G</td><td>冗余</td><td></td></tr>
<tr><td rowspan="3">核心到汇聚</td><td>POS 链路</td><td>10G/2.5G</td><td>冗余</td><td></td></tr>
<tr><td rowspan="2">以太网链路</td><td>10G</td><td>冗余</td><td></td></tr>
<tr><td>1G</td><td>冗余</td><td></td></tr>
<tr><td rowspan="2">汇聚到接入</td><td rowspan="2">以太网链路</td><td>1G</td><td rowspan="2">视现场条件</td><td></td></tr>
<tr><td>100M</td><td></td></tr>
</table>

表 3-4　网络节点 / 应用系统中度密集型企业局域网链路

<table>
<tr><th>链路区间</th><th>链路类型</th><th>带宽</th><th>链路冗余</th><th>备注</th></tr>
<tr><td rowspan="2">核心到核心</td><td rowspan="2">以太网链路</td><td>10G</td><td>冗余</td><td></td></tr>
<tr><td>1G</td><td>冗余</td><td></td></tr>
<tr><td rowspan="2">核心到汇聚</td><td rowspan="2">以太网链路</td><td>10G</td><td>冗余</td><td></td></tr>
<tr><td>1G</td><td>冗余</td><td></td></tr>
<tr><td rowspan="2">汇聚到接入</td><td rowspan="2">以太网链路</td><td>1G</td><td rowspan="2">视现场条件</td><td></td></tr>
<tr><td>100M</td><td></td></tr>
</table>

表 3-5　网络节点 / 应用系统相对分散型小型企业局域网链路

<table>
<tr><th>链路区间</th><th>链路类型</th><th>带宽</th><th>链路冗余</th><th>备注</th></tr>
<tr><td>核心到核心</td><td>以太网络</td><td>1G</td><td>冗余</td><td></td></tr>
<tr><td rowspan="3">核心到汇聚</td><td>CPOS</td><td>155M</td><td>冗余</td><td></td></tr>
<tr><td>MSTP</td><td>10M</td><td>冗余</td><td></td></tr>
<tr><td>数字专线</td><td>4M</td><td>冗余</td><td></td></tr>
<tr><td>汇聚到接入</td><td>数字专线</td><td>4M</td><td>视现场条件</td><td></td></tr>
</table>

3.3　企业局域网设备选型

企业局域网建设中，网络设备的投资占整体建设费用的比重很大。网络设备选型及使用，对网络的性能和可用性有着直接的影响，这使得网络设备的选型显得尤为重要。

3.3.1　设备选型原则

企业网络设备选型是在满足业务需求的条件下，从多种不同型号、规格的设备中，经过技术比对与经济分析，选择最佳方案以做出购买决策。合理选择设备，使有限的资金发挥最大的经济效益。设备选型应遵循的原则包括以下内容。

3.3.1.1　可靠性

要求网络能够安全、高效和平稳的运转，还要求网络设备具有容错的功能。首先从设备层面可靠性入手，考察设备是否在关键部件上有冗余设计，如电源、引擎等；其次，要从网络设备整体架构设计、处理引擎种类等多方面考察设备整体的稳定性。

3.3.1.2 实用性

要求选型设备采用成熟技术，遵循面向应用、注重实效、急用先上和逐步完善的原则。如选用具有技术先进性的设备，要提前结合业务进行充分测试、论证，在体现可靠性原则的基础上保证实用性。

3.3.1.3 可扩展性

选型设备时要预留出部分可扩展余地，以满足后续业务增长带来性能扩充的需求，使设备能更有效利用，最大程度保护当前的建设投资。

3.3.1.4 安全性

首先测试选型设备在设计层面是否存在安全缺失，如设计漏洞、泄露后门等；其次，测试设备运行网络协议安全是否完善，如安全协议或安全认证是否能正常启用等；最后，结合测试考察设备在网络中能否安全、平稳的运行，以确定选型设备的安全性。

3.3.1.5 统一性

根据企业信息化建设经验，保证统一性可以更好地发挥基础设施的优势，更好地保证局域网建设整体架构的合理性、实施的科学性、成果的适用性及运行维护的规范化。

3.3.1.6 经济性

充分利用现有资源，减少新增投入。优化设备选型方案，最大限度地减少扩容，减少投入和成本支出。

3.3.2 设备选型的技术要求

企业局域网建设选型设备的技术要求，主要针对网络建设中选型设备的技术性能，性能指标包括扩充性、安全性、可管理性和可维护性等。由于企业局域网是多个应用系统共享统一基础网络，业务数据安全共享就成为一个突出问题。企业局域网建设应具有多重的安全保密和严格的访问权限控制功能，实现网络的实时配置、故障隔离诊断、网络性能优化、网络安全保护，最大限度地保障企业局域网无故障运行，以及升级过程对现有网络架构和设备的调整。

企业局域网建设主要涉及两大类网络设备，分别为路由器和交换机。依据网络三层架构分类为：核心层路由器（RA）、汇聚层路由器（RB）、接入层路由器（RC）；核心层交换机（SA）、汇聚层交换机（SB）、接入层交换机（SC）。

选型设备要结合业务需求，充分考虑网络设备的处理能力、转发能力等技术性能指标要求，其中包括单引擎交换容量、支持最大用户数、整机最大包转发率、平均并发用户等具体各项指标。同时应注重与现有网络设备的兼容性和可行性。

选型设备也需要考虑系统安全性和保密性的技术需求，因此设备具体考虑支持基于 Radius 认证的远程访问（Telnet）、远程安全协议（Secure Shell，SSH）登录；支持路由协议 OSPF 设置消息摘要算法 MD5 加密，并采用不可逆算法保存能力等指标要求。

某大型能源企业在“十二五”期间企业局域网改进建设中，核心层交换机（SA）选型参数技术要求见表 3–6，可供企业选择核心层交换机时参考。

核心层路由器（RA）选型参数技术要求见表 3–7，可供企业选择核心层路由器（RA）时参考。

表 3–6 核心层交换机（SA）选型参数技术要求

核心层（高端）	性能参数
1	主机支持双引擎配置，每个业务模块具有分布式转发能力
2	所有业务槽位具有相同的最大背板带宽，所有业务模块支持热插拔
3	冗余风扇、电源
4	支持基于 Radius 认证的 Telnet、SSH 登录
5	支持 SNMPV1、SNMPV2、SNMPV3，并开放所有 MIB
6	支持 VRRP、IEEE802.1x
7	支持整机不少于 80 口的 10GE 光口业务模块
8	支持硬件防火墙业务模块
9	支持硬件 IPSecVPN 业务模块
10	支持硬件流量分析业务模块
11	支持 RIP1/2、OSPF、BGP 路由协议及 PIMSM/DM 等组播协议
12	可支持作为 MPLSVPN 内 P 或 PE 设备
13	所有业务模块支持 IPv6
14	所有业务模块支持 QoS，具有多种队列功能

表 3–7 核心层路由器（RA）选型参数技术要求

核心层（高端）	性能参数
1	主机支持双引擎配置，每个业务模块具有分布式转发能力
2	所有业务槽位具有相同的最大背板带宽，所有业务模块支持热插拔
3	冗余风扇、电源，非冗余电源可保证整机及全部业务模块正常工作
4	支持基于 Radius 认证的 Telnet、SSH 登录
5	支持 SNMPV1、SNMPV2、SNMPV3，并开放所有 MIB
6	支持 RIP1/2、OSPF、BGP 路由协议

续表

核心层（高端）	性能参数
7	支持热补丁，可在线进行补丁升级
8	支持硬件流量分析业务模块
9	支持硬件 IPSecVPN 业务模块和支持防火墙模块
10	支持 NAT 功能和 MPLS 功能
11	所有业务模块支持 IPv6
12	所有业务模块支持 QoS，具有多种队列功能
13	支持整机不少于 40 口的 10GE 光口业务模块
14	支持 155MCPOS 接口业务模块和 622MPOS 接口业务模块
15	支持千兆 SFP 以太网三层业务，端口可独立工作于路由模式下

3.3.3 设备选型条件

设备选型条件是前面设备选型原则和技术要求的具体化。随着信息化建设的不断深入，生产经营、运行管理等各方面工作对信息系统的依赖程度越来越高，信息系统应用范围也不断延伸。确保网络持续稳定健康运行，网络设备的选型必须要考虑各方面的要求和条件。某大型能源企业在“十二五”期间企业局域网建设网络设备选型及部署条件见表 3–8。

表 3–8 局域网建设网络设备选型及部署条件

设备类型	选型和配置设备条件
SA	1. 地区公司核心交换机，全网 1000 网络用户以上； 2. 连入核心的汇聚点（SB）≥8 或者接入层设备（SC）点数≥10 以上； 3. 数据中心 80 台以上服务器直连到核心交换机
SB	1. 地区公司汇聚交换机，全网 200 网络用户以上； 2. 直连接入核心的汇聚点数≥8； 3. 数据中心 80 台以上服务器直连到核心交换机； 4. 单链路情况下采用单台核心交换机，并配置双引擎
SC	地区公司接入交换机提供不少于 24 口 1000BaseT 桌面接入
RA	1. 地区公司核心路由器，要使用的 155M CPOS 端口数量或者 POS 端口数量不少于 4 个； 2. 需要使用 2.5G POS 或者 622M POS 接口卡； 3. 需要使用的 E1 物理端口数不少于 32 个； 4. 需要使用多个 GE 端口下联或者上联
RB	1. 地区公司汇聚接入器，需要使用 1～2 个 POS 端口上联； 2. 需要使用 E1 端口数量不少于 24 个
RC	1. 地区公司接入路由器； 2.E1 接口不少于 4 个

3.4 企业局域网架构设计

随着企业信息化的进程加快，局域网建设作为企业信息基础设施建设的一个重要组成部分，应通过周期性的滚动式建设，满足企业不断发展生产经营管理系统对基础网络平台的要求。

3.4.1 三种架构

由于自身规模、业务不同，企业可以采用不同的局域网建设方案。

3.4.1.1 特大型企业混合组网方案

核心层、汇聚层互联采用环状、网状或星型结构，核心层及汇聚层网络节点之间宜采用双链路互联，根据物理距离使用自建光纤和租用不同链路电信运营商双链路的方式实现；核心层和汇聚层路由、交换设备采用冗余配置，除此以外均采用单设备；根据网络覆盖范围大小及应用重要程度，部分单设备节点选择双引擎和双电源配置；内部采用 OSPF 作为主路由协议，静态路由作为辅助路由，与企业骨干网采用静态路由互联；各层之间通过路由器互联部署 QoS 策略。特大型企业混合组网方案如图 3-5 所示。

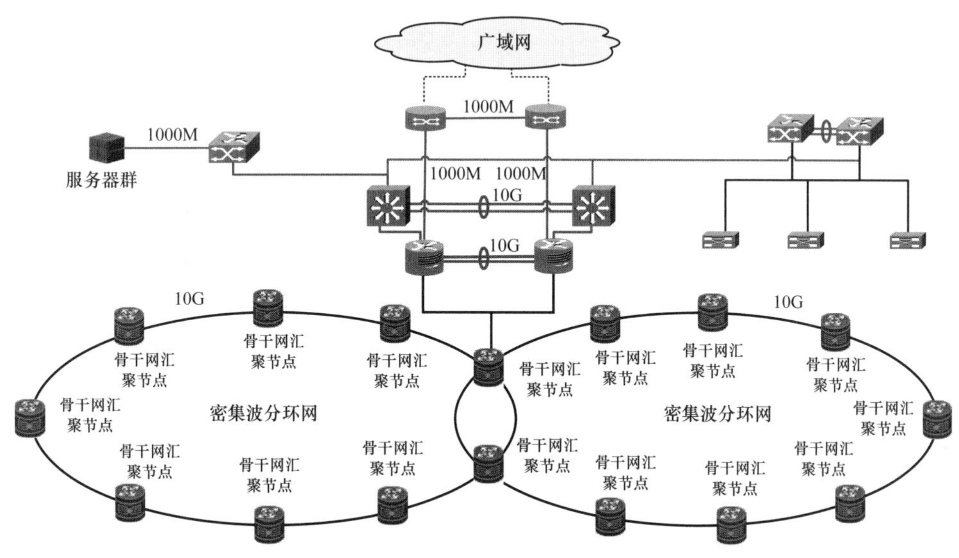

图 3-5 特大型企业混合部署组网方案

3.4.1.2 大中型企业集中组网方案

核心层、汇聚层互联采用星型拓扑结构；核心层和汇聚层路由、交换设备采用冗余配置，除此以外均采用单设备；根据网络覆盖范围大小及应用重要程度，部分单设备节点选择双引擎和双电源配置；采用 OSPF 作为主路由协议，静态路由作为辅助路由，与企业骨干网采用静态路由互联。大中型企业集中组网方案如图 3–6 所示。

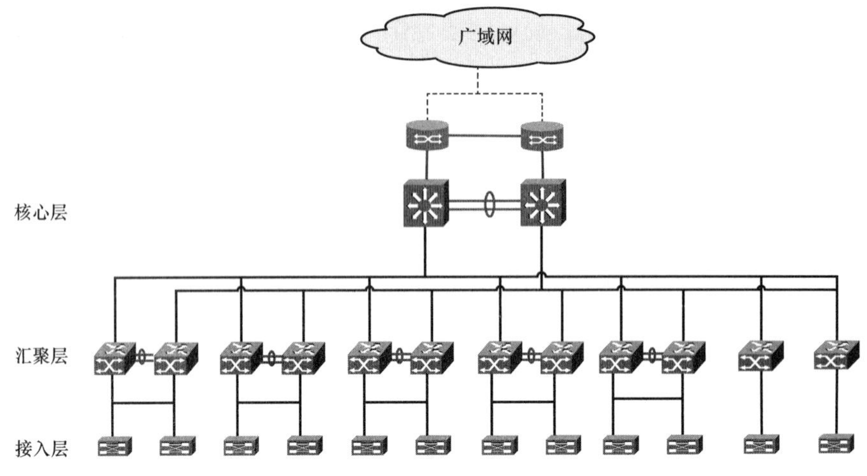

图 3–6　大中型企业集中组网方案

3.4.1.3　中小型企业组网方案

核心层、汇聚层互联采用星型拓扑结构，包括路由、IP 地址、拓扑图在内的多项网络数据均按照局域网建设规范统一设计和部署；有效提高网络的运行维护效率；不同电信链路运营商双链路的核心层和汇聚层路由、交换设备采用单设备双引擎配置；根据网络覆盖范围大小及应用重要程度，部分单设备节点选择双引擎和双电源配置；采用 OSPF 作为主路由协议，静态路由作为辅助路由，与企业骨干网采用静态路由互联。中小型企业组网方案如图 3–7 所示。

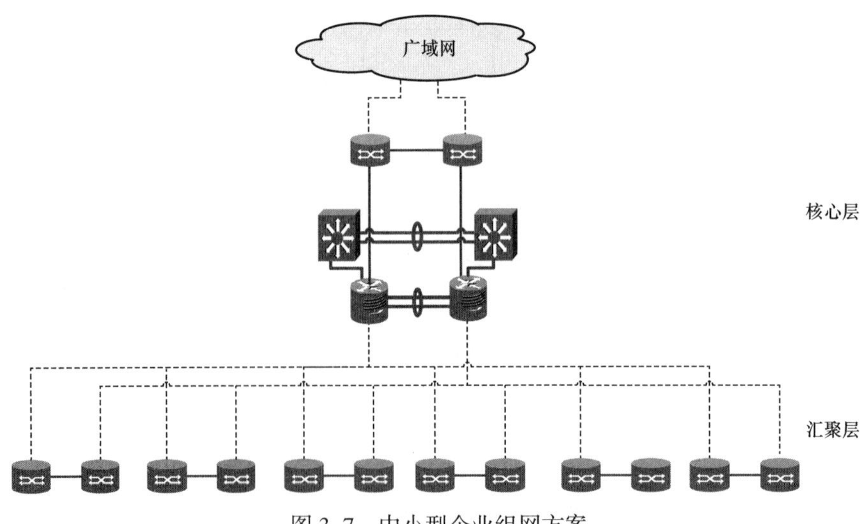

图 3–7　中小型企业组网方案

3.4.2 测试指标

企业局域网建设完成以后要进行测试，分别对网络的连通性、可用性、保障性及冗余性等方面进行测试。表 3–9 是某大型企业局域网建设验收测试表。

表 3–9 企业局域网建设验收测试表

测试项	测试方法	合格标准判据
联通性测试	1. 将工具连接到选定的测试点，对网络的关键服务及应用进行 100 次因特网包探索（Packet Internet Groper，Ping）测试，间隔时间 1s，以测试网络连通性 2. 重复上一步骤，直到遍历所有测试抽样设备	1. 单向合格判据：测试点到关键服务及应用的 Ping 测试连通性达到 100%； 2. 综合合格判据：所有测试点的连通性都达到 100%
延时性测试	使用两台工具来分别接入网络两端不同的端口，工具 1 产生流量，工具 2 接收流量，并将测试数据流环回	1. 如局域网系统由双绞线、光纤链路承载，从两个方向测得的最大传输时延都不大于 1ms； 2. 如局域网系统由租用运营商的传输链路承载，两个测试点间距离每增加 50km 可以增加时延 1ms
丢包性测试	1. 利用两台工具分别连接到核心层、汇聚层、接入层网络的源和目的设备端口上，使用工具 1 向被测试网络加载 70% 的流量负荷，测试工具 2 接收负荷，测试数据帧丢失的比例； 2. 分别按照不同的数据帧大小（包括 64，128，256，512，1024，1280，1518 字节）重复前一步骤	1. 局域网系统在各种不同数据帧大小情况下测得的丢报率都不大于 0.1%； 2. 通过电信运营商租用链路在各种不同数据帧大小情况下测得的丢报率都不大于 0.3%
QoS 业务保障性测试	1. 测试局域网系统中基于端口优先级配置一条具有 QoS 服务质量保证的链路，需使用 3 台测试工具，工具 1 产生流量，工具 2 接收流量，工具 3 统计丢弃包的情况； 2. 工具 1 向工具 2 发送端口号为 80 的 UDP 数据包，用工具 2 捕获网络中的数据包，检查工具 1 发出的数据包是否被打上优先级的标记； 3. 逐渐加大被测试网络中的负载流量，直至网络拥塞，统计工具 2 受到工具 1 发出的数据包的情况； 4. 用工具 3 统计被测试网络数据包丢弃的状况，再分别基于 IP 地址划分不同优先级，重复之前步骤	1. 应能看到工具 1 发出的数据包被打上优先级标记； 2. 工具 2 仍应接收到工具 1 发出的数据包； 3. 工具 3 统计丢弃的数据包里没有工具 1 发出的数据包
设备与备份链路测试	1. 测试网络之间的数据流应经过的主要设备和线路； 2. 向测试目标节点发送持续的 Ping 包，查看它们之间的连通性； 3. 人为关闭核心层网络主设备电源，查看备份设备是否启用，网络间目标节点之间 Ping 的连通性； 4. 人为断开主干链路，查看备份线路是否启用，测试网络间目标节点之间 Ping 的连通性	1.Ping 测试应在设计规定的切换时间内，能恢复其连通性

3.5 小结

企业局域网建设要满足应用系统的需求，采用成熟、先进的技术，增加企业网络的可靠性与稳定性，满足企业业务数据快速增长的需要，并尽量做到总体拥有成本最低。网络设备和网络链路采用冗余备份，消除单点失效的隐患，从而实现高度的安全性。本章介绍了大型企业局域网建设过程的现状和需求，从网络架构、IP 地址、路由和链路等方面介绍了局域网建设规划，给出了设备选型原则、参考指标、局域网架构设计和测试指标。大型企业局域网建设采取统一规划设计，通过网络架构规划和链路规划，有效解决企业业务对局域网建设需求；通过 IP 地址规划解决企业局域网建设中 IP 地址有效分配、利用及网络用户有序管理问题；通过路由规划解决企业局域网建设中路由协议配置的问题；通过设备选型满足企业局域网建设中业务需求、用户规模、性能指标的要求。

4　企业卫星网络

卫星通信作为现代高技术通信手段，与其他通信手段相比，具有无缝隙覆盖、多种数据传输和灾害应急通信等优势。随着卫星网络技术的快速发展，卫星网络技术已成为企业信息化建设采用的重要技术之一，在企业应对“无人区通信”“地面链路备份”和“应急抢险”等情况时扮演着举足轻重的角色。

4.1　卫星通信

卫星通信是指利用人造地球卫星作为中继站转发无线电波，在两个或多个地球站之间进行的通信。它是在微波通信和航天技术基础上发展起来的一门新兴的无线通信技术，所使用的无线电波频率为微波频段（300MHz～300GHz，即波段 1m～1mm），主要包括卫星固定通信、卫星移动通信和卫星直接广播三大领域。由于卫星通信具有覆盖面大、频带宽、容量大、适用于多种业务、性能稳定可靠、机动灵活、不受地理条件限制、成本与通信距离无关等优点，多年来，它在国际通信、国内通信、军事通信、移动通信和广播电视等领域得到了广泛应用，例如长途电话、传真、计算机联网、电视电话会议、远程教育、应急业务、交通信息、船舶、飞机的航行数据等。

因企业自身规模和业务需求的不同，企业所采用的卫星网络架构也都有所不同，选择适合于企业信息化发展特点的卫星网络架构是建设好企业卫星网络的前提条件。

4.1.1　卫星通信系统组成

卫星通信系统由卫星端、地面端和用户端三部分组成。卫星通信系统组成如图 4-1 所示。卫星端在空中起中继站的作用，包括两大子系统：星载设备和卫星母体。地面端即地面站，是卫星系统与地面公众网的接口。地面用户也可以通过地面站出入卫星系统形成链路，地面站还包括地面卫星控制中心及其跟踪、遥测和指令站。用户端连接分支机构、作业队、施工机组和各种小站。企业卫星网络建设对卫星星体关注较少，主要是地面端和用户端的建设。

4.1.2　卫星通信系统的拓扑结构

卫星通信系统网络拓扑结构一般分为星状网、网状网及混合网，卫星通信系统网络拓扑如图 4-2 所示。上述三种拓扑结构在实际应用中都有使用。星状网、网状网相对混合网被企业采用的较多，各种卫星网络拓扑结构的特点如下。

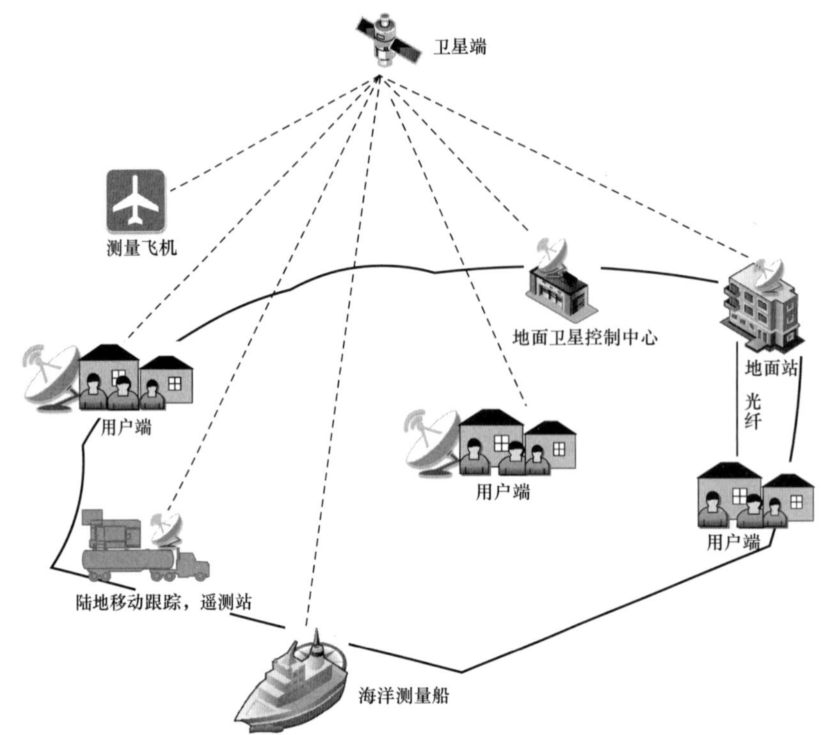

图 4-1　卫星通信系统组成

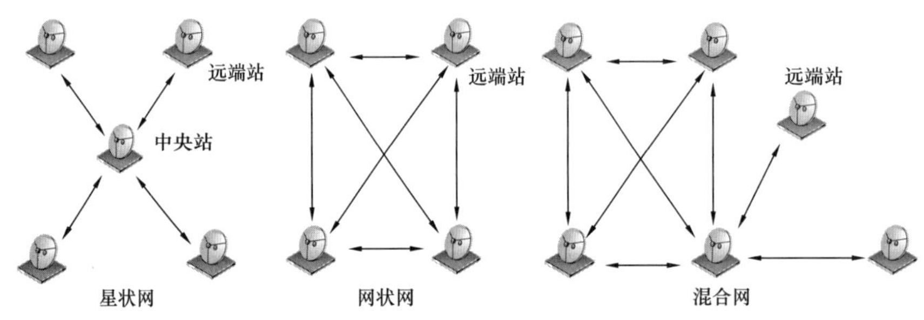

图 4-2　卫星通信系统网络拓扑

（1）星状网

远端站仅与中央站间存在物理信道；远端站间不能通过卫星直接通信，远端站间信息的传输需中央站转接；中央站价格昂贵、功能复杂，天线口径大；远端站简单、廉价，天线口径较小。

星状网的优点：远端站天线口径通常更小、更便宜，易于安装；网络投资集中于中央站，后期的网络扩容投资相对较小。

星状网的缺点：中央站价格昂贵，是全网信息交换中心，若发生故障，全网无法工作，因此其健壮性不如网状网；远端站间通信需要双跳，时延长，且两次占用卫星信道，降低了信道利用率。

星状网的适用范围：传输业务主要存在于中央站与远端站之间，远端站之间业务量较小。

（2）网状网

远端站间可建立直接的物理信道；由于远端站要与远端站直接通信，因此其天线口径较星状网远端站大；中央站不进行远端站之间的 信息交换，功能相对星状网简单。

网状网优点：中央站价格较低或无专门中央站；远端站端对端信号传输只需单跳；远端站间的信息不需在中央站交换，系统健壮性较好；网内存在大量远端站间信息传输时，信道利用率较星状网高。

网状网缺点：远端站设备较复杂，价格相对星状网较高，天线口径较大。

网状网适用范围：电话、多媒体或点对点数据传输。

（3）混合网

网络信道按照星状网或网状网实现不同业务数据的传输，按照实际情况，充分发挥星状网与网状网的优势。

4.1.3 卫星通信使用频率

卫星通信目前使用的频段为：300MHz～300GHz，即波段 1m～1mm。目前国内企业一般采用的卫星网络通信工作频段见表 4-1 。

表 4-1 卫星网络通信工作频段

（波）频段	上行频率	下行频率	简称
C-band	5.85～6.65GHz	3.4～4.2GHz	6/4G
Ku-band	14.0～14.5GHz	12.25～12.75GHz	14/12G
Ka-band	27.5～31GHz	17.7～21.2GHz	30/20G

现阶段，企业建设卫星网络较少采用 Ka 波段，使用频率 C 波段与 Ku 波段较多，C 波段与 Ku 波段优劣势对比见表 4-2。

表 4-2 C 波段与 Ku 波段优劣势对比

C 波段	Ku 波段
易受地面干扰	抗地面微波干扰性好
天线口径较大	天线口径较 C 波段小，机动灵活
受天气影响较小	在恶劣天气情况下，信号传输损耗较大
非常适合传输	波束窄

4.1.4 卫星通信多路复用和多址方式

（1）多路复用

将来自不同信息源的各路信息，按某种方式合并成一个多路信号，然后通过同一个信道传送给接收端。接收端再从该多路信号中按相应方式分离出各路信号，分送给不同的用户或终端。多路复用方式可分为频分复用、时分复用和码分复用等。

① 频分多路复用（Frequency-division Multiplexing，FDM）。按照频率参量的正交分割原理，将各路信号的频谱搬移至互不重叠的频带上，同时在一个信道中传输。接收端通过不同中心频率的带通滤波器，可以将各路信号分离出来。频分多路复用的各路信号在时域中混叠在一起，在频域中可分辨。

② 时分多路复用（Time Division Multiplexing，TDM）。利用时间的正交性，即以时间作为信号分割的参量，使各路信号在时间轴上互不重叠，它利用不同时隙来传送各路不同信号。在 TDM 系统中，每个信号占据着不同的时间区间，但每个信号均占有相同的频域，各路信号在频域中混叠在一起，在时域中可分辨。

③ 码分多路复用（Code Division Multiplexing，CDM）。根据码型结构的不同实现信号的正交分割，各路信号在时间和频率上是互相重叠的，接收端用相关器或匹配滤波器实现信号分离。

（2）多址方式

对于卫星通信系统，多址联接指的是多个地球站发射的信号，通过卫星转发器的射频信道复用，实现各站间通信的一种方式。常见的多址方式有频分多址、时分多址、码分多址和空分多址，如图 4–3 所示。

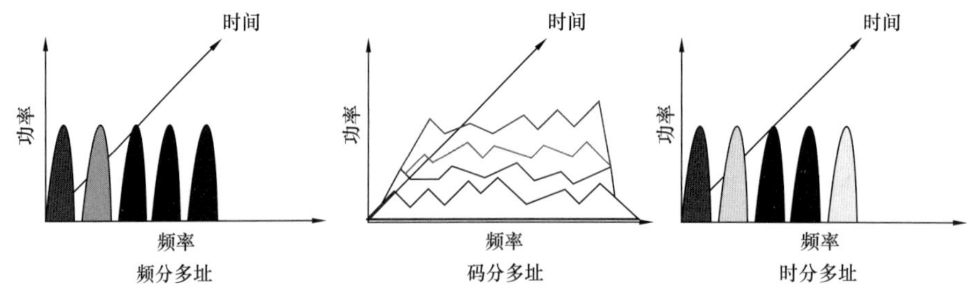

图 4–3　常见多址方式

① 频分多址（Frequency Division Multiple Access，FDMA）。各站、各台发出的射频信号在指定的射频频带内，但在频谱上互不重叠地排列，共同分用该射频频带，接收端用带通滤波器分离各路射频信号。

② 码分多址（Code Division Multiple Access，CDMA）。每个用户有一个特定结构的码

字作为地址，不同用户的不同波形信号以同一频率发射出去，各站接收的是根据相应的信号波形分离出自己需要的信号。

③ 时分多址（Time Division Multiple Access，TDMA）。以不同的时隙来区分地址，每站有一指定时隙，各站只在自己的时隙内发射信号。

④ 空分多址（Spatial Division Multiple Access，SDMA）。也称为多光束频率复用，通过标记不同方位相同频率的天线光束来进行频率的复用。

4.2 企业卫星网络设计思路

以某大型企业卫星网络建设为例，详述基本需求、建网目标、设计原则及网络架构等。

4.2.1 企业卫星网络建设基本需求

企业根据在全球的业务发展布局，规划建设一套覆盖全球业务所在地区的卫星通信网络，在全球所在地区开展IP数据业务、话音业务、视频会议及视频监控等信息化服务业务，提高企业管理质量和效率，节约大量员工跨国旅行时间和大幅降低差旅费用。企业卫星网络建网基本需求包括以下内容。

企业卫星网络设计由国内卫星通信网络和海外卫星通信网络组成。国内卫星通信网络建设两套卫星主站，支持160MHz以上卫星带宽的通信能力，满足国内接入企业内网需求，实现传输语音、数据和视频及企业内网等业务。海外卫星网络依托国内卫星通信平台，在企业卫星通信基地增加卫星天线、功放及多星配套设备等，组建海外卫星通信网，解决海外区域企业接入内网问题，满足企业对视频会议、电子邮件、网上报销、ERP及内网等业务要求。

国内卫星网络两套主站平时各用一半的卫星带宽来支持一半数量的小站，而当其中一个主站因某种原因瘫痪时，所有小站都能转到另一个主站上工作。当瘫痪主站恢复后，其原先小站能自动切换回来。海外卫星主站针对海外不同区域分别进行覆盖，为海外不同区域的各成员企业和分支机构等提供安全稳定的信息化保障服务。

企业卫星网络每个主站配置9m天线，射频单元配置1+1冗余功放及低噪声下变频器（Low Noise Block，LNB），整个卫星网络的网管系统放在企业卫星通信主站，由企业主站的工作人员实施网络运营管理。

要求实现小站到各自主站的网络互联，保证数据、网络电话、图像、视频传输和内网、互联网接入等业务。

国内小站的标准配置为 1.8m 天线和 4W Ku-band 功放，海外小站配置灵活多样。

4.2.2 企业卫星网络设计原则

根据企业卫星网络建设规模和组网思路及功能需求等因素，可制订以下设计原则，满足企业卫星网络规划的设计要求：

（1）安全性。卫星通信系统建设目的是满足企业分支机构的网络接入需求，最大限度地为应用系统提供安全、稳定和可靠的网络服务。从安全角度讲，企业所有分支机构的卫星通信系统统一接入到企业卫星通信主站，再通过地面广域网链路接入企业内网；从传输安全的角度讲，要求卫星通信系统进行信道加密；从安全应用角度讲，要对敏感信息进行信元加密。

（2）经济性。卫星通信系统建设采取优化整合企业现有卫星通信系统和建设新的卫星通信系统相结合的方式；结合企业分支机构的具体业务需求，选择经济合理的组网模式、编码方式及卫星带宽资源；根据需要接入的分支机构数量和应用系统的流量计算所需带宽，做到带宽利用率最大化。

（3）灵活性。传输重要业务、传输量大的站点采用带宽独享机制，常规站点采用带宽共享机制，保障各站点通信业务的畅通。

（4）连续性和简便性。既要考虑保护各成员企业的原有投资，同时要考虑平滑地扩容和稳定升级，并在扩容和升级过程中减少对现有设备的调整。尽可能使远端站安装、调测和使用简便易懂。

4.2.3 企业卫星网络设计特性要求

（1）整体部署、统一规划、分步实施，总体技术方案全面、完善，并充分考虑未来的发展需要。

（2）系统应具备很强的模块化设计及功能拓展能力，以便在不同阶段实现时，既能够方便地扩容，又不浪费以前的投资。

（3）系统要全面支持 IP 数据、语音传输、图像通信、视频会议、视频监控及企业内网等业务。

（4）主站要支持多星、多频段和多网络工作能力，便于今后进行网络扩展和调整。

（5）网络体系结构等方面要符合国际电信联盟电信标准分局（International Telecommunication Union Telecommunication Standardization Sector，ITU-T）的相关标准。

（6）系统具有较高的可靠性。

（7）系统具有良好的易用性和可管理性，全网要统一网管。

4.2.4 大型企业卫星网络架构

由于大型企业一般具有多成员企业、多业务需求、信息安全等级较高、地面链路冗余设计和投资资金充足等特点，大型企业卫星网络结构如图 4–4 所示，可以参考以下内容进行卫星网络架构设计：

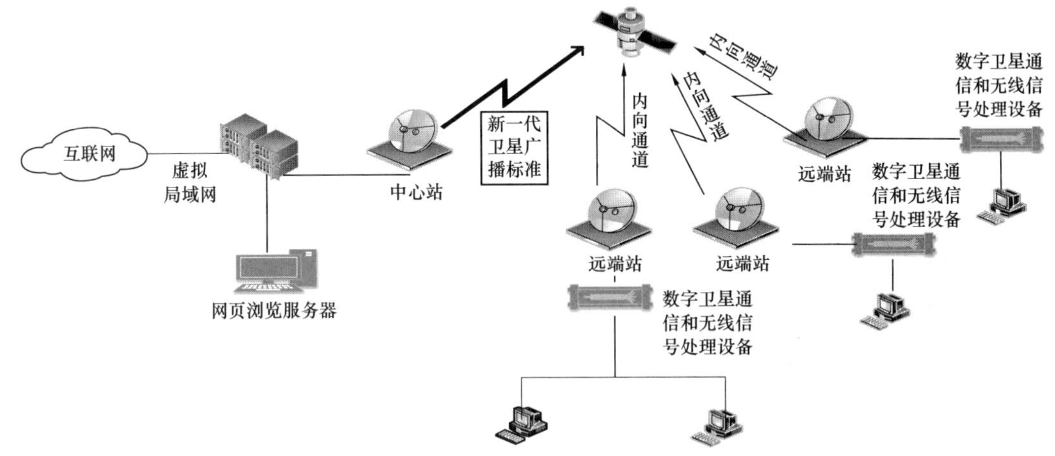

图 4–4 大型企业卫星网络结构

（1）利用大带宽以支持大数据量传输的要求，充分利用完整的转发器资源。

（2）单主站有多星、多频段、多网络支持能力，插卡式、模块化结构，可给企业卫星网络的建设带来较强的灵活性。

（3）同一主站 / 同一网管支持星状、网状、单路单载波（Single Channel Per Carrier，SCPC）点到点，可以满足任何复杂的应用拓扑。

（4）采用设备冗余备份及主站异地备份方式。

（5）单套网管管理多个主站、多个网络，便于用户集中网管。

（6）采用先进的卫星标准、技术体系及编码调制，实现最有效的带宽利用。

（7）QoS 可以做到在任何复杂、任何拥挤的环境下都能保证高优先级小站、高优先级应用的高质量传输。

（8）采用加密技术，确保数据安全。

（9）强大的 IP 功能支持，如支持 BGP 路由协议，支持虚拟局域网（Virtual Local Area Network，VLAN），支持 VPN 加速，充分保障用户网络应用的运行。

4.2.5 中小型企业卫星网络架构

中小型企业由于企业规模不大，一般具有业务量及数据传输量较少、信息安全等级要求不高、对地面链路的冗余设计没有要求和投资资金不足等特点。可参考如下内容进行中小型企业卫星网络架构设计：使用适度的卫星带宽以支持企业网络的应用要求；主站采用插卡式模块化设备或集成设备，具有一定的扩容能力；同一主站 / 同一网管支持单一网络结构，一般采用星状网或网状网；部分核心设备采用冗余备份方式；采用先进的技术体系，实现最有效的带宽利用；支持 QoS 功能。中小型企业卫星网络结构如图 4-5 所示。

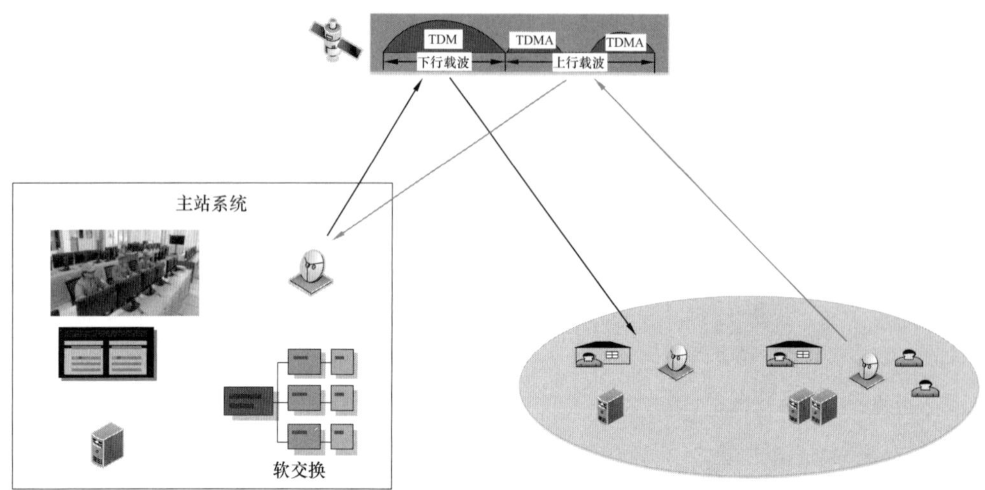

图 4-5　中小型企业卫星网络结构

4.2.6　企业卫星小站选型设计特点

企业卫星小站选型设计需要根据企业卫星网络整体设计、业务需求、业务特点及系统关键技术应用等进行统筹规划。

国内卫星小站的设备特点包括以下内容：

（1）设备简单实用、搬迁灵活、对星方便，非通信专业人员经过简单培训即可达到安装调试要求。

（2）设备功能强大，支持语音、数据、视频传输和视频监控等功能。

（3）设备传输速率根据用户需要动态分配。

（4）设备适合国内任何地点使用，尤其适合作业队、施工机组、边远地区、应急抢险地区及分支机构等地点。

（5）实施迅速，终端极小，可以很容易地安装在多种地方。

国内小站室外设备组成按照以下几点进行标准化设计：

（1）小站配置 2W、4W、8W、16W 的功放，中频接口为 L 频段。

（2）LNB，中频接口为 L 频段。

（3）1.2m 天线、1.8m 天线、2.4m 天线。

（4）不间断电源（Uninterruptible Power System/Uninterruptible Power Supply，UPS）。

卫星小站连接如图 4-6 所示。

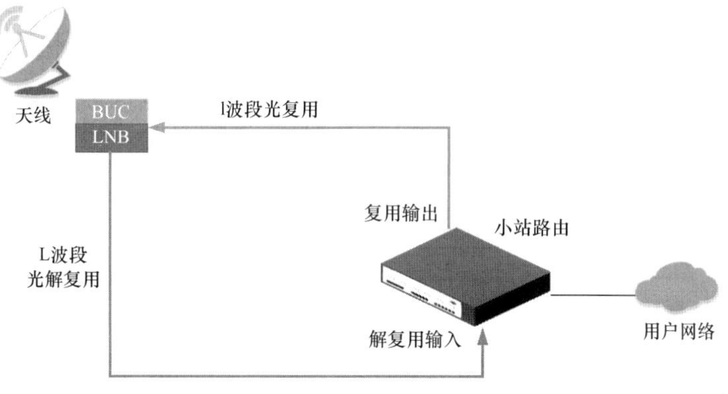

图 4-6 卫星小站连接示意图

海外卫星小站设备满足多元化需求：

（1）海外小站天线根据不同国家和使用不同的通信卫星指标等因素，设计选用 1.8m、3m、3.7m 或 4.5m 卫星天线。

（2）海外小站卫星调制解调器根据企业的组网规模和业务需求等因素，设计选用不同的数字卫星通信和无线通信设备。

（3）海外小站功能强大，可实现语音、数据传输、视频会议、视频监控及内网等业务。

（4）海外小站传输速率根据用户需要进行动态分配和定制化分配等。

（5）海外小站一般都为固定式小站，不需要经常搬迁，适用于企业海外分支机构、项目部、施工现场等地点。

4.2.7 卫星地面站的架构设计

无论是采用自建卫星主站类型的网络架构，还是选用租赁通信运营商卫星主站类型的网络架构，企业在建设卫星网络时都要涉及卫星地面站的架构设计。

卫星地面站系统由天线分系统、伺服跟踪分系统、发射分系统、接收分系统、信道终端分系统、用户接口分系统、网络管理与监控分系统、电源分系统和业务应用系统等组成，卫星网络地面站体系架构如图 4-7 所示。

（1）天线分系统

完成发送信号、接收信号和跟踪卫星的任务，是决定地面站容量和通信质量的关键组成部分之一。系统要求：工作频率范围足够宽；具有较高的增益和合乎要求的辐射波瓣；尽可能低的等效噪声温度；良好的旋转性能及机械精密度等。伺服跟踪设备保证地面站天线对准卫星。天线分系统又细分为天线结构模块、天线馈电模块和天线跟踪模块。

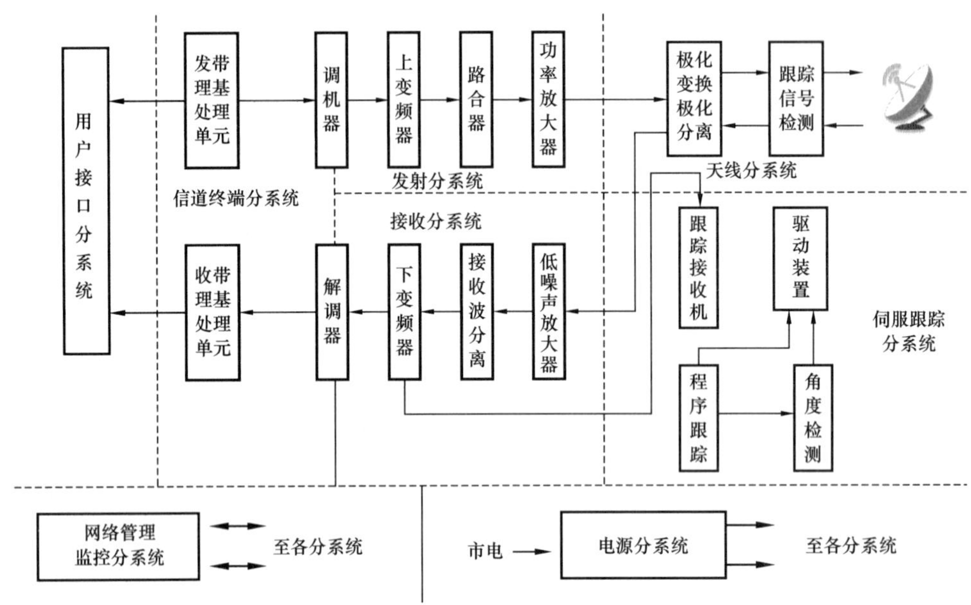

图 4–7 卫星网络地面站体系架构

（2）伺服跟踪分系统

跟踪接收机实时监测卫星信标信号，根据信号强度，程序驱动天线自动调整方位、俯仰、极化角度，保证地面站天线时刻精准对准卫星。

（3）发射分系统

将基带信号进行调制后的信号，通过发射分系统进行上变频和功率放大后，馈送给天线。

（4）接收分系统

对收到的微弱信号进行放大、下变频和解调。

（5）信道终端分系统

完成基带信号的处理和变换，包括信道编码、话音编码、数据压缩等。由调制解调模块、协议处理模块及网管功能模块等实现。

（6）用户接口分系统

完成对外部及与地面通信线路的接口。

（7）网络管理与监控分系统

网络管理功能。完成网络的配置与监控。客户端工具提供强大的功能帮助用户进行网络性能分析、流量监控（IP 层、卫星层），全面监视全网的运行状态与性能指标，以使用户掌控全网的运行。

故障监控功能。具备强大的故障管理功能，能提供声、光报警等手段显示严重故障状态。具备详细故障统计功能，能提供全网详细的、实时的故障事件报告记录，并能清晰地分级显示故障状态，可以帮助用户方便地调用所存储的历史数据 / 记录。

（8）电源分系统

卫星网络地面站的供电系统，对保证通信是至关重要的，需要正确地设计和配置地面站的供电系统。

机房配电：单相交流电，电压为（220 ± 22）V，频率为（50 ± 1）Hz；三相交流电，电压为（380 ± 38）V，频率为（50 ± 1）Hz。机房内设配电柜，照明用电、空调用电、设备用电、主机房与值班室用电要分别控制，设备用电需经不间断电源（UPS），其他用电直接供给。

（9）业务应用系统

业务应用系统包括视频会议、视频监控、数据传输、卫星移动终端、应急通信等，如图 4–8 所示。

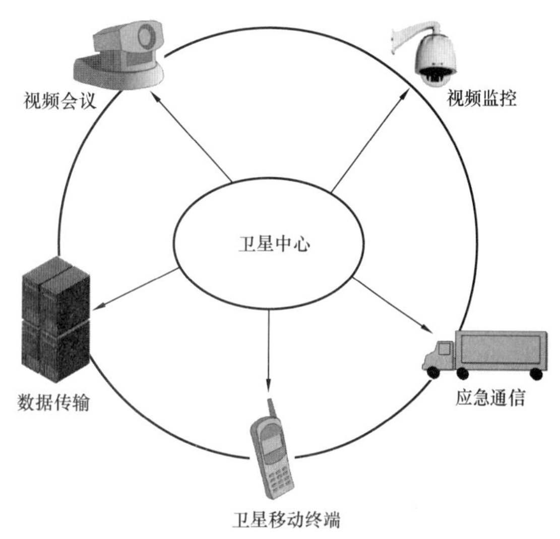

图 4–8　业务应用系统

企业各分支远端站的业务数据通过卫星链路一跳传回到企业总部，同时利用企业总部现有的各种通信资源，例如视频会议系统、企业办公系统、语音电话软交换平台及互联网接入出口等，满足各种业务需求。

4.3　小结

企业卫星网络适用于企业边远作业区、应急灾难救助等。这类场景一般网络基础设施缺乏，临时性作业、流动作业较多，企业卫星网络能够发挥优势，支撑业务需求。本章介绍了卫星通信系统的组成、拓扑结构、使用频率和多路复用卫星通信多址方式等，提出了企业卫星网络设计思路，对企业卫星网络架构包括中小企业网络架构进行了分析，根据企业卫星小站选型设计特点，给出了卫星地面站的架构设计，企业可根据实际情况，构建适合本企业特点的卫星通信网络。

5 企业 IPv6 网络

随着互联网的快速发展，企业对于网络也提出了更多的需求。而传统网络由于自身协议的特性，在地址空间、安全性和转发效率等方面达到了技术瓶颈，无法满足这些要求，下一代互联网协议——IPv6 应运而生。

5.1 企业需求与 IPv6 技术发展

5.1.1 企业网络的发展需求

随着 4G 通信业务、智能手机等多种个人智能终端、超高速家庭网络的发展，针对网络地址不足等问题，国家已经着手推动 IPv6 规模化部署。当然，IPv6 也有其不足的地方，企业在网络建设中应用 IPv6 除了进行详尽的规划与设计外，还应该关注过渡性问题与安全问题。

过渡性问题。IPv4 有一定的缺陷，IPv6 协议标准的成熟具有取代 IPv4 位置的必然趋势，但在 IPv6 应用中还需要不断提升技术，这种取代的过程会经历一个相对漫长的过程。国际互联网工程任务组（The Internet Engineering Task Force，IETF）在设计 IPv6 的时候已经考虑了和 IPv4 的兼容性。企业在应用系统建设中亦需考虑由 IPv4 向 IPv6 过渡的问题，处理好 IPv4 向 IPv6 迁移，应该考虑的内容包括：IPv4 与 IPv6 的主机必须可互操作；IPv6 主机和路由器的使用必须简单，逐渐地分布普及到整个互联网网络，不能有太多的相互依赖性；需要让网络管理员和最终用户容易理解和执行这种迁移。同时，也要注意过渡技术的选择，即双协议栈技术、隧道技术和网络地址转换技术。

安全性问题。引入 IPv6 可能出现的安全问题主要来源于两个方面：一个是由于 IPv6 本身的缺陷所引发的安全问题；另一个是由于 IPv6 的过渡技术引发的安全问题。由 IPv6 本身的缺陷引发的安全问题有：地址扫描、非法访问、分片、路由协议的认证、蠕虫攻击、对互联网控制信息协议第六版（Internet Control Management Protocol Version 6，ICMPv6）的攻击、对邻居发现的攻击及对无状态地址自动配置的攻击等。过渡技术引发的问题有：双协议栈技术的安全问题、隧道技术的安全问题及地址转换技术的安全问题等。

5.1.2 IPv6 技术发展状况

由 IP 地址危机产生和发展起来的 IPv6 作为下一代互联网协议已经得到了各方的公认。未来互联网的发展离不开 IPv6 的支持和应用，甚至被认为是后起发展网络的国家追赶“发达”国家的一个良好机遇。目前各国都在加紧对 IPv6 的研究和应用开发，IPv6 的研发进展主要得益于政府和厂商两方面的支持。

政府方面，许多国家都已经对 IPv6 技术引起足够的重视，已有 50 多个国家和地区加入有关 IPv6 的研究，并且都采取了一些切实可行的措施。中国对于 IPv6 技术的态度是“积极跟踪、把握机遇、稳妥推进”，并且在部分地区或部分项目开展了 IPv6 网络搭建与应用实验。中国政府密切关注着 IPv6 的发展，目前已有中国高校和科研机构与国外一些电信运营商合作，深入开展 IPv6 研究与实验。

厂商方面，软硬件产品已经就绪。在众多的设备提供商和运营商的努力下，IPv6 协议已经从实验室走向了应用阶段。一些国家的研究机构和国际化信息技术公司分别研制开发了不同平台上的 IPv6 系统软件和应用软件，一些路由器厂商已经开发出了面向 IPv6 网络的路由器产品。操作系统方面，基于开放源码的 Linux 对 IPv6 提供了比较强的支持，主流厂商的当前操作系统都提供了对 IPv6 的支持。

从整体上来讲，IPv6 的技术已经成熟，标准也基本完善，一些网络基础设施和核心设备都已陆续在生产环境中使用，但是在具体实施的问题上，由于受投资收益评估的影响，目前还没有普遍推广，而是处于与 IPv4 相互并存和过渡的阶段。

5.1.3 IPv6 地址管理

由于互联网发展初期缺少对 IPv4 地址规划重要性的认知，导致了当前严重的路由膨胀、地址过早耗尽及无法有效管理。在 IPv6 地址全面部署前夕，应充分了解 IP 地址作为互联网的基础资源，其布局策略将全面影响网络基础设施部署水平、可持续发展及互联网管理能力。

IPv6 地址规划方案影响全网路由聚合能力。IPv4 地址缺乏层次结构，地址分配和管理缺乏统一规划，导致网络路由效率低下。除电信运营商之外，其他有地址需求的单位也掌握了数量可观的地址资源，接入电信运营商网络后产生大量无法聚合的地址碎片，这是造成 IPv4 BGP 路由表迅速膨胀、路由效率下降的主因。此外，流量工程、多归属（Multi-homing）、携地址转网等使问题更加严重化。在沿袭 IPv4 地址分配模式的背景下，IPv6 海量地址空间对提高路由聚合能力提出了更高要求，否则潜在大量地址碎片必然导致路由表过快增长。因此，IPv6 地址规划的首要任务是减少网络地址碎片，增强路由聚合能力，降低路由器等设备的中央处理器芯片、内存等消耗，提高网络路由效率。

IPv6 地址包括全球路由前缀、子网标识及 64 位接口标识符三个部分。除由国际地址分配机构（ICANN、APNIC 等）分配的前缀外，剩余地址比特位（前缀至第 65 比特前）可以由规划机构、互联网运营商自行划定，并制定相关含义。同时，64 位接口标识符目前也没有形成全球明确的分配规则，可以在规划时统一考虑利用接口标识符承载多种信息。根据当前研究成果，IPv6 地址能够承载的信息主要有以下几类。

地址分配与层次化网络拓扑结构相适应。为在地理上属于同一个范围的子网分配相同的网络前缀，使 64 位 IPv6 地址前缀体现地理位置信息。按照骨干网、省网、城域网的层次结构分配 IPv6 地址，有利于缩小路由表规模、增强系统稳定性，便于实现最短路径寻址。

地址分配体现客户信息和业务类别特征。根据用户不同接入方式携带用户的标识信息，必要时可以查询用户身份。根据本地网用户业务种类，用户网络边缘设备完成子网划分、业务标识注册、策略设置，根据终端用户业务类型配置相应 IPv6 地址。这种方案易于实现 QoS 保障、用户溯源等机制，缺点在于业务类型划分难以统一，需要对现有协议进行升级。

要建设使用 IPv6 网络，国内企业需要进行 IPv6 地址的申请。企业 IPv6 地址申请模板见表 5–1。

表 5–1　企业 IPv6 地址申请模板

现在是否有 IPv4 地址	
现在是否有 IPv6 地址	
本次申请 IPv6 数量（/32 或 /48）	
公司名称（英文）	
公司通信地址（英文）	
管理联系人账号	
技术联系人账号	

5.2　IPv6 与 IPv4 共存关键技术

如何在企业中高效部署 IPv6 网络，而又不对生产造成任何影响，是摆在面前的一道难题，解决问题的技术方法也是多种多样。以下介绍几种比较常用的过渡技术。

5.2.1 纯 IPv6 技术

纯 IPv6 技术是网络中运行的协议只有 IPv6 协议。已经有用户在新建网络或新建站点中部署了 IPv6，其中，无论对于网络基础设施还是应用程序，在功能方面不但最新而且也最强。此外，还几乎能够支持所有 IPv6 的丰富特性。但像这样的用户和网络目前还是少数，随着时间的推移，会变得越来越多。

部署 IPv6 所面临的挑战包括在网络安全性、管理、传输及应用等方面缺乏对 IPv6 端到端的强有力支持。许多大型企业都自行开发专有的应用程序，在向 IPv6 过渡时，又会带来运行维护方面的挑战。上述情形在业界普遍存在，要想实现对纯 IPv6 的全面支持，仍然存在不小差距。

5.2.2 双协议栈技术

双协议栈技术既是首选的 IPv4 到 IPv6 的过渡技术，也是最为基本的过渡技术。由于该技术部署起来既不需要建立隧道，也不必通过执行地址和端口方面的转换来建立端到端的连通性，因此对主机和网络来说，这也是一种最自然的部署 IPv6 的手段。在部署双栈的过程中，接入网络的所有部件（主机、服务器、路由器、交换机、防火墙等）需要同时运行 IPv6 和 IPv4。

双协议栈模型不但能实现从 IPv4 到 IPv6 网络环境的平稳过渡，而且还会将传输信息中断的可能性降至最低。该模型的运作方式是，在现有 IPv4 网络环境中，启用 IPv6 及与其相关且必不可缺的各种特性，比如，实施 IPv6 路由选择、高可用性及安全性等诸多特性。

双栈技术的最大优点是，无须在网络中“架设”隧道。该技术以“午夜航船（ships-in-the-night）”的方式来运行 IPv4 和 IPv6 两种协议，这意味着以上两种协议并列运行，除了共享相同的物理网络资源以外，在运作时，IPv4 和 IPv6 各不相干。无论是 IPv4 还是 IPv6，在路由选择、高可用性（HA）、服务质量（QoS）、安全性及多播策略方面都“各自为政”。由于在转发数据包时，既不需要额外的封装，也没有任何查表方面的开销，因此与其他技术相比，双栈技术在转发性能方面还颇具优势。

支持双栈协议的主机，既可以配置 IPv4 地址也可以配置 IPv6 地址。在获取 IP 地址时，双协议栈节点会利用动态主机配置协议（DHCP）地址分配技术，来获取与 IPv4 和 IPv6 各自协议有关的配置信息。

5.2.3 基于多协议标签交换的 IPv6

服务提供商和大企业在改造自有网络基础设施以迎接 IPv6 的同时，还可利用现成的 IPv4 多协议标签交换（Multi-Protocol Label Switching，MPLS）网络基础设施来传输 IPv6 数据报文。对于这种情况，提供者边缘（PE）路由器必须具备 IPv6 路由选择功能，而服务器提供商路由器却无须支持该功能。这使得企业信息技术服务部门在无须升级自有骨干网的情况下，能提供 IPv6 服务，即在孤立的 IPv6 网域之间提供连通性服务。通常采用 3 种方式，利用 MPLS 传输 IPv6 数据报，MPLS 传输 IPv6 数据报对比见表 5-2。

表 5-2　MPLS 传输 IPv6 数据报对比

方法	描述	短板
利用建立在 MPLS 上的电路传输 IPv6 数据报	服务提供商向客户提供电路（例如异步传输、帧中继）	可扩展性
利用建立在用户边缘设备（CE，Customer Edge）路由器上的隧道传输 IPv6 数据报	这是一种建立隧道中的隧道（tunnel-in-tunnel）的方法，要求 CE 路由器支持双协议栈不波及 MPLS 基础设施； IPv6 数据报被封装 2 次，先封装进 IPv4 数据报，再封装进 MPLS 帧	隧道建立成本
利用基于 IPv4 MPLS 核心网络传输 IPv6 数据报	利用现有的 IPv4 MPLS 基础设施提供服务只会波及提供者边缘（PE，Provider Edge）路由器	复杂性、MPLS 核心网络对 IPv6 一无所知、故障排除极为困难

5.2.4　协议转换和代理技术

经常会碰到需要在 IPv4 和 IPv6 之间执行转换或代理的情况。比如，为了能够让总部 / 成员企业网络中只支持 IPv6 的主机与数据中心接入层只支持 IPv4 的传统主机彼此通信，则须在数据中心内完成协议转换。

可部署一台中间设备或节点（比如防火墙、路由器或负载均衡器）来执行 IPv4 到 IPv6 或 IPv6 到 IPv4 转换功能。当然，运行在每个端点的操作系统也可以执行转换功能。以下是 IPv4/IPv6 转换技术的示例。

5.2.4.1　无状态网络地址转换

网络地址 / 协议转换（Network Address Translator—Protocol Translator，NAT-PT）在网络层执行 IPv4 和 IPv6 之间的转换，主要适用于 IPv6 网络中的端节点与 IPv4 网络中的节点通信的场景。NAT-PT 使用 IPv4 地址池，并在 IPv4-IPv6 边界路由器上将地址池中的地址分配给 IPv6 端节点 / 主机。

NAT-PT 基于的是无状态 IP/ICMP 转换算法，定义于请求评议系列编号文件（Request For Comments，RFC）2765 或 RFC 6145。该算法在 IPv4 和 IPv6 报头之间执行转换，而无须知晓任意一条连接的状态。

NAT-PT 也支持静态转换和动态地址池两种形式。静态转换是指 IPv4 和 IPv6 地址之间进行一对一的映射。利用配置在 NAT-PT 路由器上 IPv4 地址和 IPv6 地址的映射关系，

IPv6 节点就能够与 IPv4 节点通信。动态 NAT-PT 则从地址池中分配多个地址，允许多对多的 NAT-PT 映射。

5.2.4.2 有状态的网络地址转换

从 IPv6 客户端向 IPv4 服务器的网络地址和协议转换（Network Address and Protocol Translation from IPv6 Clients to IPv4 Servers，NAT64）技术是指将 IPv6 数据报转换为 IPv4 数据报。在 NAT64 网络环境中，数据报的发起者在 IPv6 端。NAT64 是根据 IPv4 NAT 的多年使用经验逐步完善而成，并修补了如 NAT-PT 等其他技术所具有的缺陷。NAT64 还提供了诸多附加特性，比如，NAT 映射、过滤及传输控制协议（Transmission Control Protocol，TCP）的同时打开，要求对等到对等的网络环境等。

此外，NAT64 还提供了“发夹（ hair pinning）”特性，该特性可以让 NAT64 设备后的 IPv6 主机彼此通信。

5.3 IPv6 组网和安全防护

早期的计算机网络都是平面型拓扑，可根据需求，随时在网络中添加设备。这样的平面型网络拓扑无论是设计、实施还是维护都很容易，但前提是网络的规模不能太大，主机数量不能太多。随着网络中的主机逐渐增多，而网络本身又缺乏故障隔离机制，一旦网络发生故障，不但影响面大，排除起来还非常困难。在连接了大量主机时，这种平面型网络又会带来设计方面的难题。

鉴于平面型网络的种种缺陷，通过改进企业自身的网络设计，不但能够让网络跟得上企业信息化发展的步伐，而且还能将其划分为一个个故障隔离域。因此，网络设计也就朝着模块化、层次化和高弹性的方向发展。

5.3.1 IPv6 网络结构设计方案

当前大量存在的网络是 IPv4 网络，随着 IPv6 的部署，很长一段时间是 IPv4 与 IPv6 共存的过渡阶段。通常将 IPv6 的部署划分为 IPv6 发展初期、IPv6 与 IPv4 共存、IPv6 主导三个阶段。IPv6 部署三个阶段如图 5-1 所示。

在 IPv6 网络部署初期，IPv6 站点的规模不大，因此在 IPv4 网络中形成了一个个“IPv6 孤岛”。信息传输以原有的 IPv4 应用为主，需要保证 IPv6 站点与 IPv4 网络之间的通信，以及 IPv6 站点之间的互联。随着 IPv6 网络规模的扩大，纯 IPv6 网络与纯 IPv4 网络并存。基于 IPv6 的传统业务逐渐开始大量部署，需要保证 IPv6 与 IPv4 之间的通信。纯 IPv6 网络最终形成，原有的 IPv4 网络大部分升级为 IPv6，只剩下少数的 IPv4 站点成为“IPv4 孤

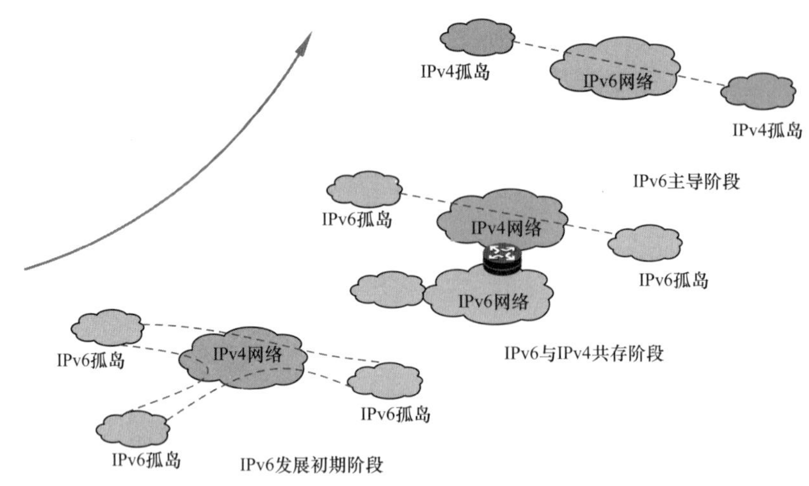

图 5-1　IPv6 部署三个阶段

岛”。此时适用于 IPv6 的各种信息传输业务开始成为主流。企业在进行 IPv6 网络建设过程中可以根据实际情况参考以下两个方案。

5.3.1.1　升级现有 IPv4 网络

现有 IPv4 网络具备相当的用户规模信息，如果对全网设备进行升级将面临投资较大、网络重新规划、相关系统需要做适应性优化等一系列的问题。针对这种情况，建议采用升级现有 IPv4 网络的方案。升级 IPv4 网络方案一如图 5-2 所示。

在现有 IPv4 网络内分散部署若干 IPv6/IPv4 双栈主机，为使这些主机接入到 IPv6 网络当中且对现有应用的影响最小，可先将网络核心设备升级为双栈，网络的其他部分保持不变。核心设备完成升级后，可分别提供至 IPv4 网络和 IPv6 网络的出口。IPv6/IPv4 双栈主机可以采用站内自动隧道寻址协议（Intra-Site Automatic Tunnel Addressing Protocol，ISATAP）的方式直接接入核心交换机。对于原有 IPv4 网络上的信息系统用户不造成任何影响，同时实现了 IPv6 用户的接入。大型企业网络核心设备应考虑节点冗余，实施时应逐步完成对所有核心设备的升级。

这种组网方案，用户直接接入核心设备，可避免核心设备的负担过重；同时，可以分别针对每个用户的 IP 地址、VLAN、端口做相应的策略，避免 IPv6 业务对原有网络的影响，保障核心设备的安全。当 IPv6/IPv4 用户数量较大时，采用上述组网方案会使得配置太烦琐，而且大量的流量直接上传至核心设备会对原有信息系统造成不必要的冲击。

企业网络中可能存在 IPv6 用户相对集中的节点，如 IPv6 研究性质的网络，或者用于企业工业互联网网络。针对这种情况，建议先用双栈低端设备做一次汇聚。这类节点下的 IPv6 主机可使用 IPv6 接入交换机，通过双栈直接上联至核心交换机。升级 IPv4 网络方案二如图 5-3 所示。

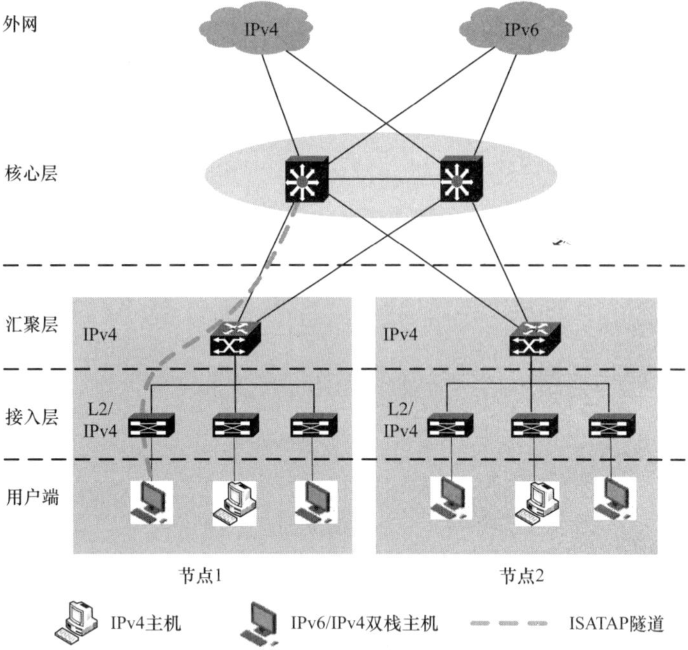

图 5-2　升级 IPv4 网络方案一

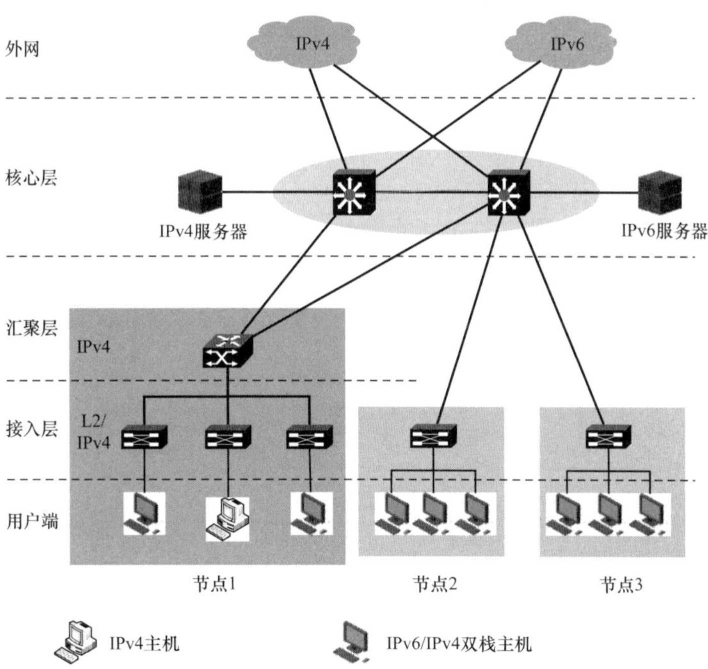

图 5-3　升级 IPv4 网络方案二

也可以根据网络实际情况，在 IPv6 接入交换机与双栈核心交换机间采用 IPv6 over IPv4 隧道方式连接，以穿过核心交换机与主机间可能存在的 IPv4 网络，如图 5-3 中的节点 2 和节点 3。

5.3.1.2 新建 IPv6 网络

随着信息技术进步和信息化发展需要，新建 IPv6 网络相对升级 IPv4 的组网模式简单，选取支持双栈的交换机设备，按照现有的企业网络建设模式组建网络即可。

核心层和汇聚层可选用双栈交换机，接入层可使用现有的二层接入交换机组网。根据用户带宽的需要，分别选用“百兆到桌面”或“千兆到桌面”的模式。为提高网络的可靠性，汇聚层与核心层之间、接入层与汇聚层之间采用双归链路上联实现链路冗余；汇聚设备作为用户接入点网关设备，通过运行虚拟路由冗余协议（Virtual Router Redundancy Protocol，VRRP）实现网关冗余；核心节点采用双核心部署保证节点冗余。新建 IPv6 网络二层接入方案如图 5–4 所示。

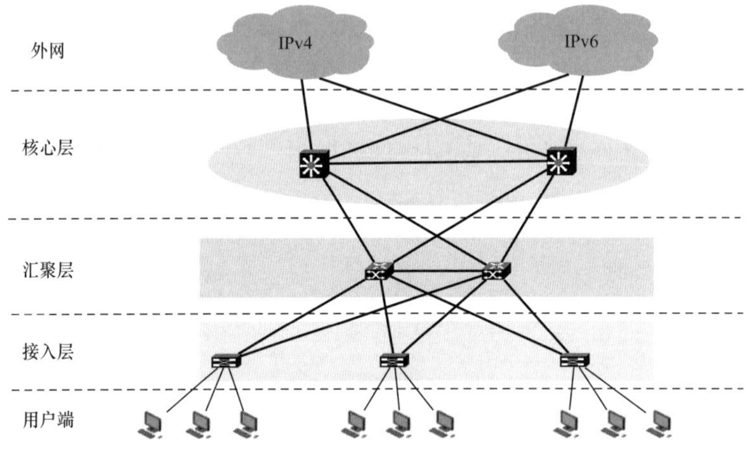

图 5–4 新建 IPv6 网络二层接入方案

根据到桌面的需求，可以提供相应的 IPv6 三层接入交换机，同时根据端口汇聚的需要提供合适的汇聚交换机。新建 IPv6 网络三层接入方案如图 5–5 所示。

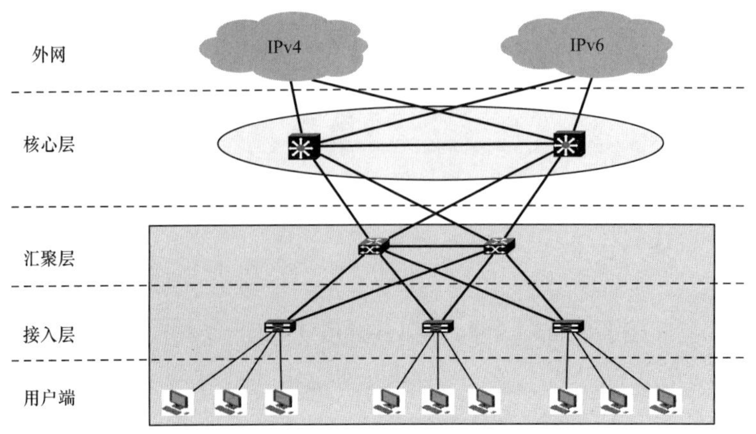

图 5–5 新建 IPv6 网络三层接入方案

5.3.2 IPv6 与 IPv4 互访设计方案

企业 IPv6 网络设计可以根据自身业务需求的不同采用适合的组网结构，实现 IPv4 网络过渡到 IPv6 网络的技术方法有多种选择，企业可以从实际应用角度出发，选择适合自己的过渡时期技术方法。

5.3.2.1 基于隧道代理技术的组网

网络拓扑结构。通常隧道代理在网络中有如下两种应用方式，以主机为隧道客户端如图 5-6 所示。

以企业网出口路由器为隧道客户端如图 5-7 所示。

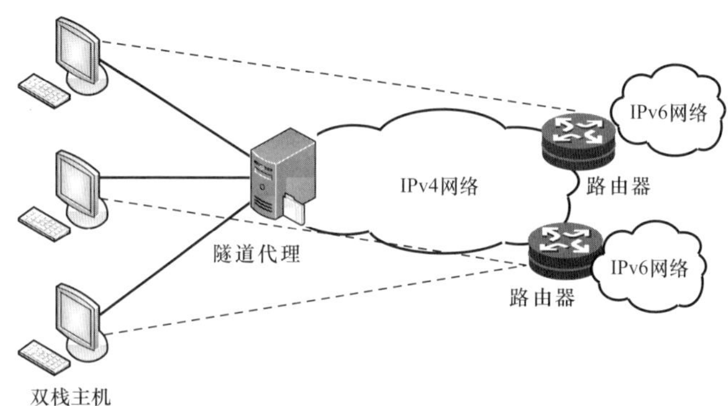

图 5-6 以主机为隧道客户端

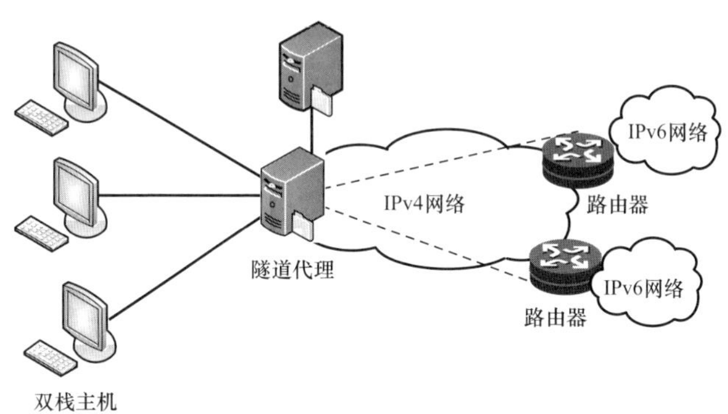

图 5-7 以企业网出口路由器为隧道客户端

实现思路。当 IPv4 网络中的双栈主机需要与 IPv6 网络通信时，可以通过在这个双栈主机与 IPv6 网络入口路由器之间配置隧道的方式来实现。

工作方式。双栈主机根据连接哪个 IPv6 网络的通信需求，确定隧道服务器的位置，即 IPv4 与 IPv6 地址或域名，双栈主机向隧道代理提出与隧道服务器建立隧道的请求，在请求信息中包含用户身份认证信息。隧道代理在通过认证的双栈主机与隧道服务器之间配置隧道。

5.3.2.2 基于 6to4 技术组网

6to4 采用特殊的 IPv6 地址使在 IPv4 海洋中的 IPv6 孤岛能相互连接。此时 IPv6 的出口路由器与其他的 IPv6 域建立隧道连接。IPv4 隧道的末端可从 IPv6 域的地址前缀中自动提取，因为站点的 IPv4 地址包含在 IPv6 地址前缀中。基于 6to4 技术组网如图 5–8 所示。

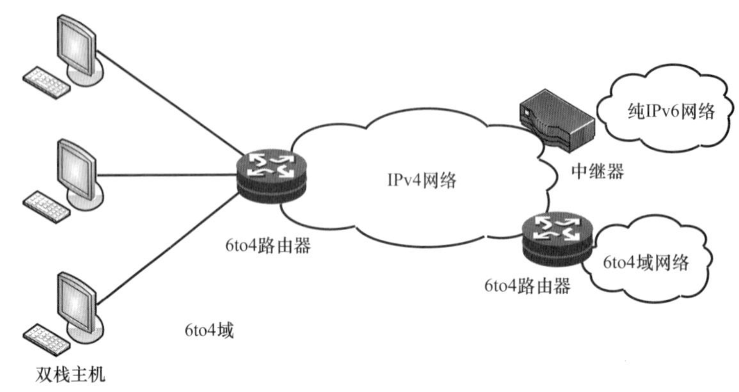

图 5–8 基于 6to4 技术的组网

实现思路。企业网的出口处（通常为出口路由器）设立 6to4 路由功能，它可以为 6to4 域中的双栈主机分配 6to4 地址；也可以与其他 IPv6 网络建立 6to4 隧道，实现 IPv6 网络的互联。

工作方式。IPv6 过渡技术中的 6to4 网络工作模式可以分为三种：首先是 6to4 网络域内的信息转发；其次是 6to4 网络中的主机与其他 6to4 网络中的主机之间的信息转发；最后是 6to4 网络中的主机与外部纯 IPv6 网络中的主机之间的信息转发。

在 6to4 网络中的主机可以采用多种方式获得 6to4 地址，包括有状态的动态主机配置协议（DHCP）或无状态的自动分配方式。通常采用地址自动分配方式从 6to4 路由器处获得 6to4 地址。在 6to4 网络内部的通信由 6to4 路由器转发，而与外部 6to4 网络中的主机通信时，则由 6to4 路由器对 IPv6 包进行 IPv4 封装，并转发到目的 IPv4 地址所对应的对端 6to4 路由器，由这个对端 6to4 路由器负责向目的主机的发送。

在 6to4 网络中的主机与外部纯 IPv6 网络中的主机进行通信时，此时信息的源地址是 6to4 地址，而目的地址是纯 IPv6 地址，6to4 路由器将这种 IPv6 包进行 IPv4 封装，封装的 IPv4 目的地址为 6to4 中继器的 IPv4 地址，这个 IPv6 数据包到达 6to4 中继器以后，6to4 中继器对其解封装，然后转发到目的 IPv6 地址所对应的网络的路由器中，由其最终传送为目的 IPv6 节点。

5.3.2.3 基于 ISATAP 技术组网

站内自动隧道寻址协议（Intra-Site Automatic Tunnel Addressing Protocol，ISATAP）是

一种自动隧道技术，当 6to4 网络内主机通信时，不需要 6to4 路由器干预而通过 IPv4 隧道方式来实现。基于 ISATAP 技术组网如图 5-9 所示。

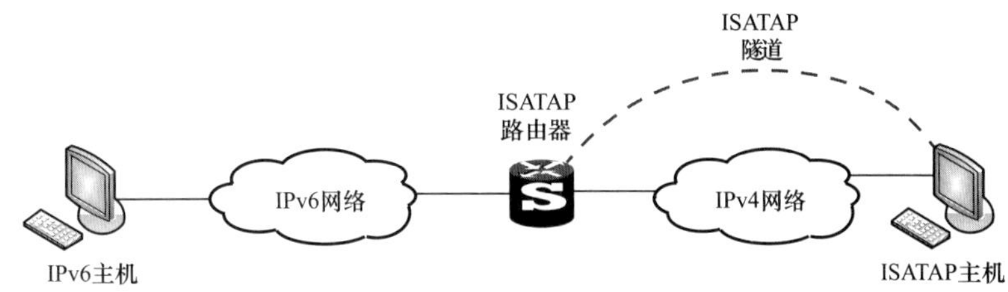

图 5-9 基于 ISATAP 技术组网

设计思路。实践中通常很少单独使用 ISATAP 技术，而是与其他技术结合来实现综合组网，ISATAP 技术可以和 6to4 技术相兼容，因此通常在 6to4 组网方式中得以应用。

工作方式。ISATAP 技术是一种自动隧道，它的出发点是实现与 IPv6 路由器不共享同一物理链路的双栈节点能够通过 IPv4 自动隧道互联，使 IPv6 网络通信能力增强。其应用环境驻地网的本身是一个 IPv4 网络，这个 IPV4 网络内部的通信采用 ISATAP 这种 IPv4 自动隧道形式。ISATAP 技术不能解决 IPv4 网络内部的双栈主机如何与其他 IPv6 网络中的 IPv6 主机进行通信的问题。

在 ISATAP 与 6to4 技术结合以后，其工作方式与 6to4 组网方式最大的不同是 6to4 网络内部的通信方式发生了变化。6to4 网络内的主机相互通信时需要 6to4 路由器的转发，而当在 6to4 域内采用了 ISATAP 技术后，则域内主机间的通信方式有两种。一种是利用 6to4 路由器，按照 6to4 地址进行转发；另一种是利用 ISATAP 的自动隧道功能，不需要 6to4 路由器的干预而通过 IPv4 隧道方式来实现。

ISATAP 与 6to4 技术结合后的组网方式的相关问题与 6to4 组网方式基本相同。

5.3.2.4 基于 NAT-PT 技术组网

NAT-PT 作为一种翻译技术，可以用于 IPv4 与 IPv6 综合组网，但是通常需要其他功能组件的支持，如地址分配和应用网关等。基于 NAT-PT 技术组网如图 5-10 所示。

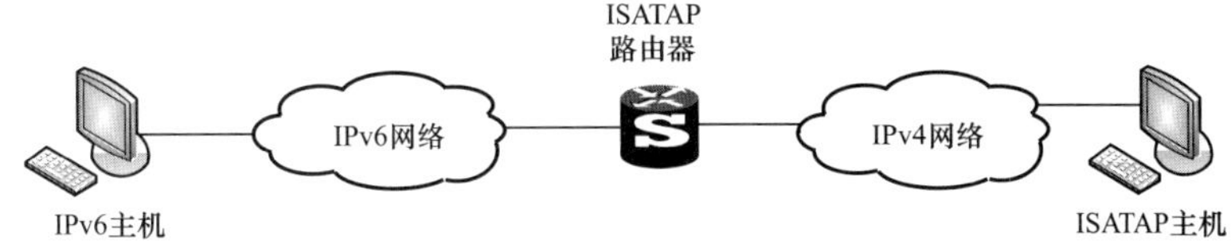

图 5-10 基于 NAT-PT 技术组网

利用 NAT-PT 来组网通常会带来如下问题。首先是效率问题，对每个数据包进行翻译效率是比较低的，尽管一些研究人员提出了基于流的翻译方法，它不要求对每个 IP 包都进行分析，而是对一组 IP 包只翻译一次。但是由于应用层网关的存在，实际上还是要对每个 IP 包进行多个协议层次的翻译，效率依然比较低。

另外，采用 NAT–PT 方式组网时要求能够对 IP 包进行跟踪，要求反向流量要从正向流量通过的同一个 NAT–PT 返回，这就限制了网络的扩展，当网络容量增加时 NAT–PT 就成为网络的瓶颈。多个 NAT–PT 如何协同有效工作的研究正在进行之中，研究内容主要集中在数据存储格式、数据共享方式、数据一致性维护和 NAT–PT 之间的通信协议等。

实现思路。临时地址的分配可以采用常规的基于地址池的动态地址分配方式来进行，IP 包之间的翻译可以采用无状态翻译技术（Stateless IP/ICMP Translation，SIIT）协议来进行。

工作方式。NAT–PT 通过网络地址、端口翻译和协议翻译，能使多个 IPv6 节点只使用地址缓冲池中的一个 IPv4 地址和外部的 IPv4 节点进行透明的通信。IPv6 节点的 TCP/UDP 端口号被翻译成已分配的 IPv4 地址的 TCP/UDP 端口号。当数据包到达 NAT–PT 设备时，NAT–PT 为其在已经分配的 IPv4 地址上再分配一个 TCP 端口，并把 IPv6 数据包翻译成 IPv4 数据包。对于返回的数据包也会被 NAT–PT 辨识出，并被翻译成 IPv6 数据包。

5.3.3 IPv6 网络安全防护示例

网络安全设计首先要考虑的是公共网络与企业网络边界的安全，公共网与企业网边界间采用严格的安全隔离，只在必需的时候提供单向或双向的数据交换，企业网内部要部署行为控制和审计手段，监控网络用户行为。可以通过对这部分网络的控制，使安全问题不至于在整个网络中扩散，达到保护整体网络的目的。企业 IPv6 网络边界防护模型如图 5–11 所示。

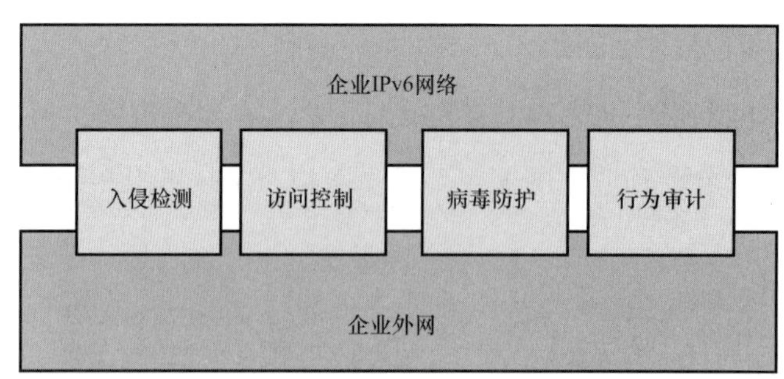

图 5–11　企业 IPv6 网络边界防护模型

企业 IPv6 网络边界重点考虑访问控制、防攻击和行为审计等方面的防护措施，在企业网络核心部署防火墙、入侵检测及行为审计设备，保证访问的合法性和数据报文的合规性，提供流量分析和事后追溯手段。企业 IPv6 网络安全部署方案如图 5–12 所示。

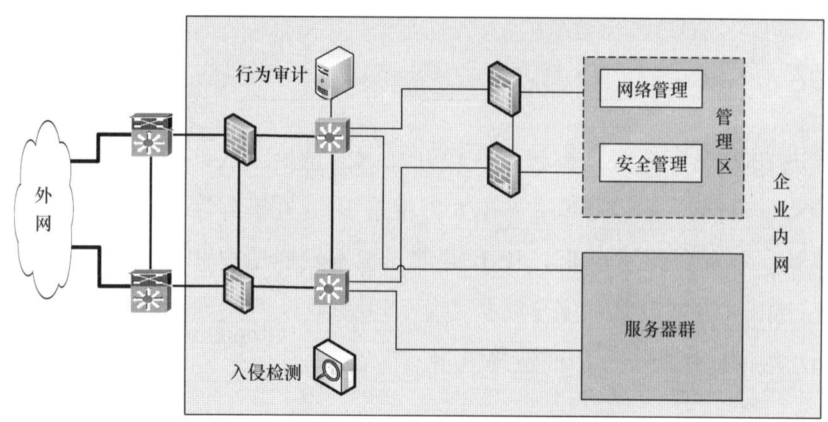

图 5-12 企业 IPv6 网络安全防护部署方案

5.3.3.1 病毒防护

为桌面计算机提供病毒、木马和蠕虫查杀功能。对桌面计算机的病毒和木马发作情况进行分析统计，提供桌面计算机病毒、木马、蠕虫发作情况现状图，按照发现的病毒、木马和蠕虫的种类、数量和分布范围统计报表。网络病毒监控对网络中的病毒木马发作情况进行监控，统计病毒木马来源、影响范围、感染计算机数量等信息。通过计算机病毒监控和网络病毒监控为桌面计算机安全策略的完善与提升提供指导。

5.3.3.2 访问控制

访问控制是在保障授权用户获取所需资源的同时，拒绝非授权用户的一种安全机制，是主体依赖某种控制策略或权限对客体或资源进行各种授权的访问，控制策略是主体对客体的操作行为集和约束条件集。

5.3.3.3 入侵检测

入侵检测系统通过分析检测网络流量中的数据包内容，寻找可能的攻击行为。通过从计算机网络或计算机系统中的若干关键点收集信息，并对其进行分析，从中发现网络或系统中是否有违反安全策略的行为和被攻击的迹象。入侵检测是继“防火墙”“信息加密”等传统安全保护方法之后的一项重要的 IPv6 安全保障技术。

5.3.3.4 行为审计

行为审计主要负责目标网络的流量采集、分析、统计和存储，对关键网络链路能够提供持续的图形化流量监控功能，能够对流量数据进行长期的统计分析，主动分析网络和应用的运行规律，网络行为规律，以及运行的趋势，从而确立网络运行的基线，更容易地发现异常。在数据挖掘过程中，实现分析方案选择、在线实时报警、TCP 数据流详细分析、灵活的图表自定义、图形化数据捕捉过滤器等功能。

5.4 小结

加快推进 IPv6 规模部署是构建下一代互联网的重要组成部分，是推动国家互联网升级的必然趋势，目前国家有关部门正在大力推进 IPv6 规模部署，在一些领域试点已经取得可喜的成就。本章介绍了企业对 IPv6 需求、技术发展情况和存在问题，介绍了几种过渡技术，设计 IPv6 组网方案和安全防护方案，为企业今后实现 IPv6 规模部署，加快网络基础设施和互联网应用服务升级改造提供参考借鉴。

6　企业数据中心

国内大型企业均将数据中心作为企业信息化建设的重点项目。企业数据中心要借鉴国内外成熟的理念、经验和技术，并运用科学方法论建设节约投资、节约能源、总体拥有成本低、稳定运行、缩短故障处理时间及降低维护复杂度的绿色数据中心。

6.1　企业数据中心布局与定位

企业数据中心建设首先需要考虑的是数据中心的总体布局与定位，即企业数据中心总体架构。在确定企业数据中心总体架构的过程中，需要对企业内已有不同层级、不同大小的数据中心机房的现状进行调研分析，并根据企业业务需求、规模确立的建设目标和范围进行规划设计。

6.1.1　企业数据中心的布局

企业数据中心总体架构设计应充分结合企业业务发展现状与需求，符合本企业信息技术总体规划，适应企业核心业务系统的部署特点，兼顾企业现阶段数据中心状况。

在企业数据中心总体架构设计中需要重点考虑以下三方面因素：

（1）企业业务分布状况。大型企业的业务往往覆盖国内，甚至海外。企业数据中心总体架构应适应企业业务分布及发展需要，按地域与层级可划分为：集团级、区域级和成员企业级数据中心。

（2）企业内大集中系统与分布式应用系统的部署需求。企业信息系统可根据应用情况采用集中式或者适度集中式部署方式。如果生产运行系统在本地产生的数据量大，且不需要实时向总部传输，可以采用前置机部署模式。

（3）企业当前数据中心数据分布、规模状况影响企业数据中心架构设计。如果数据中心成熟度高，设计时应加大企业数据中心整合与集中的力度，适合采用大集中的设计思路。成熟度较高时，可采取适度集中的方式进行设计。

目前，应用系统大集中与数据大集中战略在国际上已经逐渐成为主流，适应这种战略发展趋势，需要集中统一的数据中心设计，需要适度集中式数据中心架构支撑。

适度集中式数据中心架构需要依据企业业务现状、地域的分布和信息化需求情况，对企业内部分计算机机房进行整合升级。适度集中式数据中心布局如图 6–1 所示。

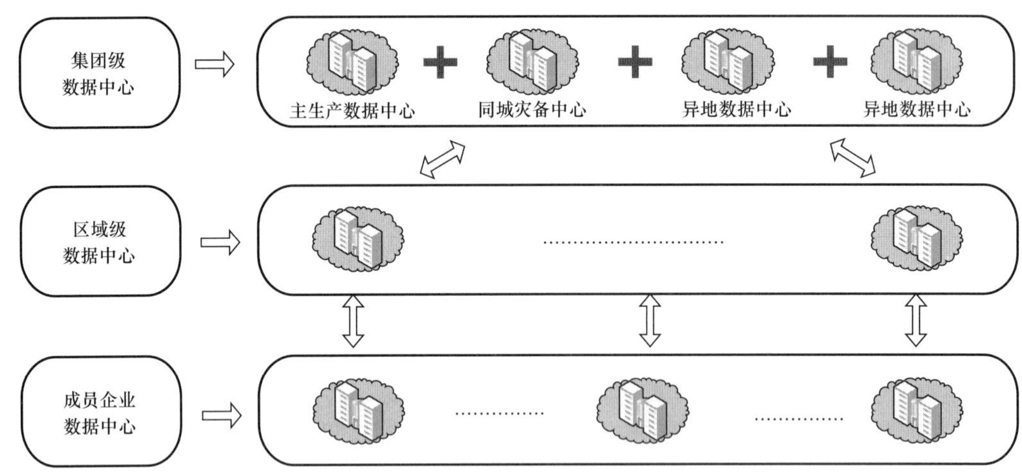

图 6-1　适度集中式数据中心布局

按照集团级、区域级、成员企业三级数据中心进行规划建设，并实施分级管理。集团级数据中心包括主生产数据中心、同城灾备中心及异地数据中心；集团企业会有多个区域级数据中心，包括若干个国内区域数据中心和海外区域数据中心；成员企业级数据中心主要以成员企业自用为主。原则上，经济规模大的成员企业每个企业一个数据中心，中小规模企业可以多家共享一个数据中心。集团级数据中心部署采用“两地三中心”布局，即在集团企业总部所在城市部署生产数据中心和同城灾备中心，在异地部署一个灾备中心。

适度集中式数据中心架构可充分利用企业现有的机房及已规划的场地资源，网络带宽压力较小，能够满足业务系统对灾难恢复的需求，同时逐步推动应用系统、数据中心向大集中的方向发展，具有合理优化现有资源配置、投资成本适中、实施周期较短、见效快等特点。

6.1.2　企业数据中心的定位与功能

企业数据中心建设的总体目标与相应的布局规划决定了企业数据中心的定位与功能。

集团级数据中心是企业信息技术总体规划中核心业务系统的生产中心与灾备中心。其功能包括主生产数据中心、同城数据中心和异地数据中心。主要部署集中式应用系统，以及分布式系统的总部模块，都同时具备支持生产系统运行和灾难备份的能力。另外，还为部署在区域数据中心和成员企业数据中心内的分布式应用系统提供容灾后备支持。当主生产中心发生局部灾难时，可切换到同城数据中心；当主生产中心与同城数据中心发生区域性灾难时，可切换到异地数据中心。保证核心层三大数据中心的连续性和高可用性运行。

集团级数据中心运行维护单位负责集团级数据中心的运行维护工作。同时，负责与区域级和成员企业级数据中心运行维护队伍的技术交流和培训，监控区域级和成员企业级数据中心运行状况，并提供技术支持。

区域级数据中心设立于成员企业相对集中、经济规模量大的区域内，通常选择区域内信息技术队伍能力强、有良好机房运行维护业绩的成员企业承担，是企业统一规划、承担企业骨干网络接入和承载分布式信息系统的数据中心，可用于集中部署一个区域内各单位信息系统的数据中心。其功能包括采用一主、一备双机房，支撑部署到区域数据中心的信息系统生产运行与互备。大型企业会建设若干区域中心及海外中心等机房。

区域级数据中心机房运行维护单位是企业信息管理部门指定的项目依托单位，负责区域级数据中心主机房和辅助机房的日常管理工作。主机房承担区域数据中心职能，辅助机房只作为区域网络汇聚机房，在运行维护上，接受集团和区域内主机房的管理。为区域内成员企业数据中心机房运行维护提供技术支持。

成员企业级数据中心设立于成员企业内部，是部署各成员企业内部信息系统的数据中心。其功能为承担成员企业自己的应用系统运行和网络接入。

成员企业数据中心机房运行维护单位负责本单位数据中心机房运行维护工作。同时接受集团级和区域级数据中心的技术指导。

6.2 集团级数据中心

数据中心是企业信息技术基础设施建设的重要组成部分，集团级数据中心是企业数据中心建设的一项重点工程，其质量将直接影响企业信息技术基础设施及信息化整体建设效果。

集团级数据中心由于其功能与定位决定了它的建设规模较大。同时集团级数据中心承担着企业重要的核心信息系统，要求数据中心运行的可用性和连续性达到99.99%。因此对数据中心的选址、设计和建设都提出了更高的要求。

6.2.1 集团级数据中心选址

集团级数据中心建设的首要工作是确定数据中心的建设地点。数据中心选址涉及因素较多，通常做法是将选址分为技术评估和商业评估两方面工作进行。

数据中心选址需要考虑数据中心的安全性，对投资回报进行详细的评估，需要考量电信传输资源、电力资源、人力资源及节能节水新技术应用环境等因素。关于数据中心选址，《数据中心设计规范》（GB 50174—2017）做了一些理论上的建议，标准明确了多项非强制性要求。实践中数据中心选址是一项复杂的工作，企业需根据自身需求、所处环境及考虑问题的侧重点，最终确定数据中心建设的地址。

6.2.2 集团级数据中心设计与建设的标准

近几年，在数据中心建设理念和技术上有了飞速的发展，成立了许多标准化组织和专业研究机构，如美国空调制冷协会（ASHRAE）下属的工作组专门从事数据中心节能降耗研究，归纳总结了许多最佳实践；美国运行时间研究院（Uptime Institute）专门从事数据中心可用性研究，提出了数据中心可用性标准；美国国家及通信工业协会制定了《数据中心的电信基础设施标准》（ANSI/TIA-942），定义了数据中心建设等级标准；美国绿色建筑协会提出了数据中心绿色节能评测标准 LEED；绿色网格公司提出了评价数据中心能耗水平的指标 PUE。

在集团级数据中心设计中，需要确定数据中心可用性等级。该等级明确了数据中心持续运行能力、抗风险能力及对后期运行维护的标准。美国运行时间研究院（Uptime Institute）将数据中心供配电系统分为了 4 级，即层级 1 到层级 4（Tier I～Tier IV）。美国通信工业协会（TIA）定义了数据中心各个子系统的可用性分级标准。Uptime 的数据中心可用性等级指标见表 6-1。

表 6-1 数据中心可用性等级指标

	层级 1	层级 2	层级 3	层级 4
支持 IT 负荷的能力	N	N+1	N+1	任何故障下保证 N
供配电路径	1	1	一用一备	两路同时使用
在线可维护能力	无	无	有	有
单一故障容错性	无	无	无	有
分区隔离	无	无	无	有
连续制冷	取决功率密度	取决功率密度	取决功率密度	要求

其中，层级 4 是分级中的最高级别，它应具备冗余的供电能力，双路同时工作的配电系统，在线可维护能力，双路供配电系统物理隔离及提供连续制冷的能力。层级 4 的可用性级别达到 99.99%。

《数据中心设计规范》（GB 50174—2017），参照《数据中心的电信基础设施标准》（ANSI/TIA-942）对数据中心的子系统进行了分级定义，标准中对数据中心选址、安全、外围配套设施、建筑结构及数据中心机房内的基础配套设施等各方面均提出了要求。《数据中心设计规范》（GB 50174—2017）中 A 级机房的供配电系统基本达到了 Uptime 中层级 4 的级别，对于供配电系统的物理隔离及连续制冷能力等方面没有提出明确的要求。

无论哪个分级标准，都是针对数据中心可用性的分级。对于一个企业如何选择适合自己的可用性级别，《数据中心设计规范》（GB 50174—2017）对于各个级别数据中心的应用范围进行了描述，从宏观概念上进行了区分，有一定的指导意义。企业在选择可用性等级时，要根据数据中心的重要程度、资金、人力和进度要求进行综合性比较，选择合适的等级。

国内集团级数据中心大多是以《数据中心设计规范》（GB 50174—2017）中A级为基本建设目标，在总体架构和各个子系统的设计中吸取、消化和应用一些国际上的标准、行业标准及最佳实践，结合企业信息化需求的特点和现场环境条件进行综合分析与建设。将先进、成熟、适合中国国情的技术应用到本数据中心的设计之中，极大提升了数据中心的高可用性、灵活可扩展性、可管理性及降低能耗等方面的能力，接近或达到国际先进水平。

6.2.3 集团级数据中心的构成

数据中心的构成从物理上分为机房各功能区域的设置，从系统上由若干个子系统组成。

数据中心机房各功能区域的设置应根据计算机应用系统运行特点及各类设备的具体要求确定，一般由主机房、基本工作间及若干类辅助房间组成。

（1）主机房。主要设置网络交换机、服务器群、存储器、数据输入/输出配线、通信区和网络监控终端等。

（2）基本工作间。包括办公室、缓冲间、走廊、更衣室等。

（3）辅助房间：

① 第一类辅助房间。包括维修室、仪器室、备件间、存储介质存放间和资料室。

② 第二类辅助房间。包括低压配电室、不间断电源（UPS）室、蓄电池室、精密空调系统用房和气体灭火器材间等。

③ 第三类辅助房间。包括储藏室、休息室和洗手间等。

数据中心构成的子系统在通常情况下应包括装饰装修、电气系统、空调新风系统、综合布线系统、监控中心、动力与环境监控系统、安全防范系统、消防系统和网络系统等子系统。

6.2.4 集团级数据中心机房建设示例

某大型企业集团级数据中心规划建筑面积4500m^2，其中主机房区2400m^2，可部署约1000个机柜，其中信息技术设备机柜750个。数据中心大楼机房区域为5层，从地下一层到地上四层（B1～4层）。其中B1层为UPS室，1～3层为主机房区，每层分为2个区，共 6 个分区，4 层为监控大厅。本项目涵盖的规划设计内容包括数据中心机房平面布局规划、装饰装修工程设计、供配电系统设计、空调新风系统设计、安防系统设计、动力与环境监控系统设计、综合布线系统设计、消防报警系统设计、监控中心系统设计及网络系统设计。

6.2.4.1 机房平面布局

数据中心主机房分三层，每层 2 个分区，以第三层机房为例，主机房平面布局规划如图 6–2 所示。划分为 E 区、F 区，每区摆放 8 排机柜，采用冷热通道摆放。每排设 1 个强电列头柜和 1 个弱电柜。每个分区设置 4 个层间配电柜和 1 个空调动力柜。每个分区规划 6 台机房专用空调，采用五用一备方式。辅助房间设置了用户服务台、办公室、操作间和库房等。

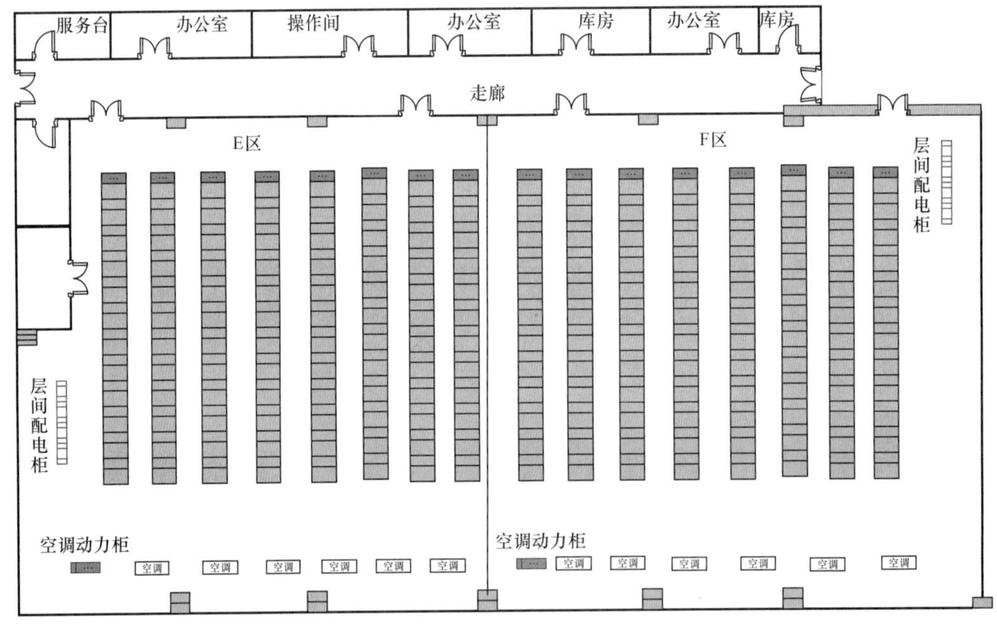

图 6–2　主机房平面布局规划

6.2.4.2 装饰装修工程

装饰装修工程包括 UPS 室、主机房区、辅助房间及监控大厅等区域，总装修面积约 4500m²。数据中心主机房 6 个区域，每个区域约 400m²，一个 UPS 室、一个接入间及数个辅助房间，同时设置独立的监控中心。主机房区层高 5.4m，架空地板铺设高度 0.7m，装修后机房地板到吊顶之间净高 3.0m，满足空调回风要求。

数据中心内部装饰装修工程包括吊顶、墙、柱面、地面、踢脚、门窗和窗帘盒等部分的装饰装修。总体设计要求如下。

（1）主材选择。根据规范，室内装修应采用非燃烧材料（燃烧性能 A 级）或难燃材料（燃烧性能 B1 级），当设有火灾自动报警装置或自动灭火系统时，除顶棚外其他装修材料燃烧性能等级可降低一级。选用的装饰材料还应满足气密性好、不起尘、易清洁，并在温度、湿度变化作用下变形小等条件。

（2）防尘处理。主材应选用不起尘、不吸尘的材料，所有辅材也尽量选用不起尘、不吸尘的材料。对所有易起尘、易吸尘的材料均刷乳胶漆做防尘处理。活动地板下及吊顶内空间均刷漆作防尘处理。

（3）防火处理。主材为非燃性或难燃性外，其他材料尽可能选用难燃性材料，所有木制品及木质隐蔽部分均刷防火漆做防火处理。机房内所有电缆桥架及风管均选用镀锌铁板材料制作。所有电线管均选用镀锌电线管。

（4）设计高度。主机房净高应根据机柜高度及通风要求确定，且不宜小于 2.6m。

（5）吊顶。采用铝合金条形微孔板暗龙骨吊顶（燃烧性能 A 级），规格为 300mm 宽，0.7mm 厚。吊顶高度为距地面 2450mm，吊顶板上部空间作为机房专用空调回风通道及敷设电气管线用。吊顶板可方便拆装，便于今后线路检修及增加线路。

（6）墙、柱面。计算机机房的墙、柱面刷环保漆，具有抗静电、不起尘、不吸尘、易清洁的特点，能充分满足机房对静电、洁净度、防火的要求。其余房间墙、柱面也刷环保漆。

（7）地面。铺设优质抗静电活动地板，规格 600mm × 600mm（燃烧性能为 B1 级）。活动地板下空间作为机房专用空调的送风箱及敷设电气管线用。机房应选用一定量的风口板作为机房专用空调的送风口使用。

（8）门窗。所有房间外门均采用甲级钢制防火门，所有内门均采用钢化玻璃门，增加房间内的通透感。为保证计算机机房内的洁净度，同时起到保温隔热、节约空调能源的作用，在外窗内侧增加一层塑钢固定窗。

6.2.4.3 供配电系统

根据集团级数据中心高可用性的需求，吸取国际上数据中心可用性相关标准，确定供配电系统采用 2N 架构的双路冗余系统设计方案，不仅达到《数据中心设计规范》（GB 50174—2017）中 A 级机房的设计标准，同时达到《数据中心的电信基础设施标准》（ANSI/TIA-942）和 Uptime 标准的层级 4，可用性指标达到 99.99%，同时具备故障发生时的在线可维护能力。供电系统结构设计如图 6-3 所示。

依据给出的信息技术设备机柜 750 个的规模，每个机柜 2.4kW 测算，UPS 总负荷为 1800kV · A。

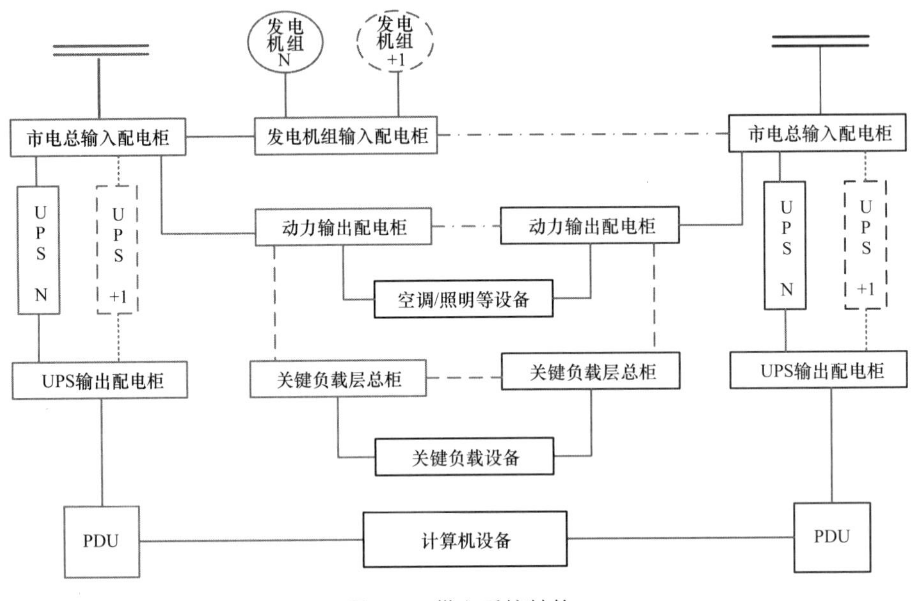

图 6-3 供电系统结构

UPS 不间断电源系统。UPS 供配电系统按照 2N 的配置进行设计，整个数据中心的 UPS 供配电系统按 3 个楼层共分为三组，每组 4 台 300kV·A UPS 设备，形成 2×2 的冗余架构，共配备 12 台 UPS 设备，UPS 总负荷为 1800kV·A，后备时间为 30min，具备在线可维护的高可用架构。UPS 配电采用双回路供电，在 UPS 室配置电力输出总柜，每个机房区配置配电输出分柜。每排机柜配置一台 A/B 双面的强电列头柜，强电列头柜提供本排机柜的 A、B 两路电源供电，对单电源设备先通过静态切换开关将两组 UPS 电源在配电末端进行切换，然后再配电到设备。每列设备机柜配备的智能配电柜采用精密配电柜，具备实时监测功能和报警功能，可实现在线更换开关，提高电气性能，可实现带电插拔。

数据中心 1～3 层辅助房间及 4 层监控中心 UPS 用电设备及事故照明单独设置 1 台 120kV·A 的 UPS 系统。

后备柴油发电机。后备柴油发电机功率应大于全部机房用电负荷，按照 N+1 的冗余配置设计，当两路市电同时出现故障时，柴油发电机组自动切入供电，提高了数据中心整体可用性。

动力供配电系统。动力供配电系统通过各区域机房的动力互投配电柜，为机房内空调、新风设备等提供双路电源。动力配电柜 / 箱采用放射式配电方式直接配至各用电设备。

照明系统、防雷接地系统。按照《数据中心设计规范》(GB 50174—2017) 及国家相关标准进行设计。机房设备区照明系统采用智能照明系统设计，通过设置不同的工作模式，可以最大限度节约能源。

机房内接地采用 30mm × 3mm 紫铜带组成 M 形等电位网络，机房内地板支架、设备底座等均与均压等电位带相连，均压等电位带与房间内接地端子箱（Local Equipotential Bonding，LEB）可靠连接，各房间接地端子箱 LEB 通过线缆与大楼预留接地点可靠相连。

防雷系统在 UPS 互投柜输入侧设计 B 级防浪涌保护器，各功能房间配电柜均设计安装二级避雷器。

6.2.4.4 空调新风系统

根据《数据中心设计规范》（GB 50174—2017）和《工业建筑供暖通风与空气调节设计规范》（GB 50019—2015）可以得到空调新风系统设计参数见表 6–2。

表 6–2 空调新风系统设计参数

房间	设计温度	设计湿度	备注
主机房	（23 ± 1）℃	40%～55%	精密空调
UPS 配电室	18～28℃	35%～75%	精密空调
办公区	夏季 26℃，冬季 20℃		舒适性空调

在企业数据中心空调通风系统设计中，根据信息系统设备散热的特点、现场条件及建设投资规模的诸多因素综合分析研究，确定采用机柜冷热通道方案，高架空地板下送风、上回风气流组织形式，并结合数据中心层高的特点，采用专用的上吊顶回风通道，有效地进行冷热气流的隔离，提高制冷系统效率。

（1）空调系统：各主机房区域部署机房专用精密空调系统。机房专用精密空调全部采用 N+1 配置，设备模块共部署空调室内机 36 台，每台显冷量为 100kW。即 6 个主分区，每个分区 6 台空调室内机，可采用 5 用 1 备模式。各层机房空调气流组织方式为冷通道地板下送风，热通道吊顶回风。在 UPS 室、蓄电池室部署机房专用精密空调系统，共部署下送风专用空调室内机 4 台，每台显冷量为 100kW。

空调室外机设计和建设了专用平台，采用钢架结构，占地面积约为 200m^2。

（2）新风系统：数据中心 1～3 层主机房区及辅助机房区配置独立的洁净新风系统。保证室内人员所需风量每人 40m^3/h，并维持室内微正压所需新风量。各层新风由新风机房室外直接引入，每层主机房区设计风量 5000m^3/h，每个区设计采用柜式顶部送风亚高效新风处理机组 1 台，风量 5000m^3/h，共 3 台。

（3）消防排气系统：采用气体灭火的区域需设置消防排气系统，在气体灭火后，用于排除室内灭火废气。气体灭火房间围护结构外墙设置相应数量的自动消防泄压阀。

6.2.4.5 综合布线系统

数据中心综合布线系统主要是依据《数据中心的电信基础设施标准》(ANSI/TIA-942-2005),采用模块化理念设计,使布线系统具备良好的兼容性和灵活性,为信息系统设备的信息传输建立高速的基础设施传输通道。

综合布线系统设计采用光模式(Optical Mode,OM)3 等级(OM3)万兆多模光纤和六类非屏蔽铜缆混合组网,充分支持多种交换机、服务器、小型机、SAN 存储设备等数据网络应用。在布线材料选择上,采用欧标设计,选取低烟无卤外封装,满足对安全防火的要求。

整个机房区综合布线采用柔性化布线的方式,上走线布放,走线桥架选用开放式上走线网状线槽,机柜内的数据铜缆配线架安装在开放式线槽上,线槽上安装的配线架采用 1 单元高度的 24 口配线架。理线器应与配线架进行整体考虑,不单独占用桥架空间。跳线引出端要做捆扎处理,且理线架前端应留有设备端口信息标识。综合布线线缆及端接件一次到位,设备到位后可直接进行跳接。以后设备的迁移,可不必更改布线系统的缆线,只进行相应的跳接即可实现系统的变更。这种柔性布线方式保障了布线系统的灵活性,不再受设备机柜的束缚。

核心主要分布区域(Main Distribution Area,MDA)及二级 MDA 层:鉴于楼层分布状况,将 MDA 分二级设置,一级 MDA 为主 MDA,每个楼层各设置楼层 MDA,即二级 MDA,每个 MDA 配置核心交换机。主 MDA 位于第 2 层,与第 2 层的楼层 MDA 放置在一起。

汇聚水平分布区(Horizontal Distribution Area,HDA)层:实现本列的光缆和铜缆的数据汇总,用于上连 MDA 和下连设备分布区(Equipment Distribution Area,EDA),其中铜缆配线采用电子配线架。每列机柜设置 2 个机柜为 HDA 区域,满足铜缆配线架及智能管理设备、光缆配线架及接入层交换机安装。

HDA 区域铜缆采用交叉连接,配置 1 单元(Unit,U)48 口六类双电子配线架:上联电子配线架根据 EDA 点数 1∶1 配置,下联交换机电子配线架按照 EDA 侧配线架数量的 50% 配置。HDA 区域光缆配线采用 1U 48 口光纤配线架。

在布线系统 MDA 至分级 MDA 的主干,充分考虑链路的冗余设计,并在光缆芯数选择上,选用多根进行敷设,以避免出现单根光缆故障可能引起的通信瘫痪。

6.2.4.6 动力与环境监控系统

实施动力与环境监控系统,对机房的供配电、动力设备及运行环境进行实时、全面的监控,完成智能、非智能监控设备部署,数据中心监控网络的建设及所有软硬件的安装调试，同时根据数据中心的具体需求进行软件的定制开发。动力环境监控系统如图 6–4 所示。

系统采用全中文操作界面，以 3 维电子地图形式模拟现场各个设备的实际位置及布局结构，能够实时查看各种智能设备或子系统的所有运行参数及运行状态。当机房内部出现异常情况时，监控管理系统能够通过软件界面报警、声光提示、手机短信息等多种手段通知机房管理人员，能够及时反馈机房的详细故障信息。整个系统在满足《数据中心设计规范》（GB 50174—2017）A 级机房的监控范围之外，根据目前业界对数据中心节能环保的要求，实现了能耗参数（PUE）的实时统计与历史统计功能。

系统实现基于 WEB 方式的远程访问，监控客户端借助现场集中监控平台，可以直观地查看到现场各监控子系统的运行情况。系统具备丰富的日志管理和报表管理功能。并可对外提供多种标准化接口，适合在各种监控系统之间的集成监控。动力环境监控系统如图 6–4 所示。系统所监控的设备及子系统主要包括：配电系统、UPS 系统、精密空调系统、新风系统、机房温湿度和漏水检测等。

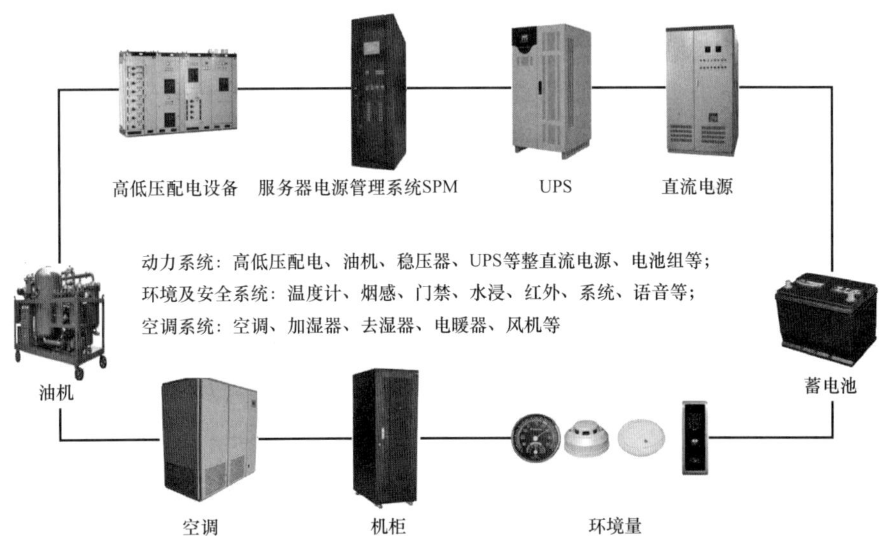

图 6–4　动力环境监控系统

6.2.4.7 监控中心系统

监控中心系统包括数据中心安防系统、动力及环境监控系统，以大屏幕显示墙为背景，实时显示和处理来自机房内的视频、音频，以及数字和模拟监控、报警信号，为运行维护人员提供机房实时状态情况，准确定位机房的故障点，快速启动机房应急预案，保障机房的安全、正常运行。同时为各信息系统运行维护人员，提供对应用系统的一线监控功能。

监控大厅主要包括拼接显示屏、监控座席、音频扩音系统、视频控制系统和中央控制系统，主要满足信息共享、应用系统和基础设施集中监控的需要。

6.2.4.8 安全防范系统

依据国内外现代安防设计理念，并参照《安全防范工程技术标准》（GB 50348—2018）、《出入口控制系统工程设计规范》（GB 50396—2007）、《视频安防监控系统工程设计规范》（GB 50395—2007）等相关标准，安防各子系统采用独立分控、总体系统集成的先进技术架构。含有防入侵子系统、门禁子系统和视频监控 3 个子系统。每个子系统以各自的控制单元为中心，独立工作，同时通过系统集成方式，与其他子系统协同工作，构成一个完整的、立体的安全防范体系，实现防范区域内各子系统的联动功能，具有良好的系统扩充性。

在系统架构设计中，首先按照不同区域的功能要求，合理划分机房的安全区域，明确安全区域职责和分级控制。

机房周界为一般区域，为保证机房安防的相对独立性，在机房周界部署防入侵和门禁系统，在机房的主要出入通道采用双向门禁（进门、出门设置感应读卡器）、定点视频监控系统。

机房辅助区域为受控区域，采用单向门禁系统（进门设置感应读卡器，出门设置出门按钮）、定点视频监控系统。

机房设备区域为关键区域，采用双向门禁与指纹识别（进门设置指纹识别器，出门设置感应读卡器）、双鉴式红外入侵保护系统、无死角视频监控系统。

屏蔽机房为特殊区域，采用双向门禁与掌型识别系统（进门设置掌型识别仪，出门设置感应读卡器）、无死角视频监控系统、双门互锁防尾随装置（其中一道门关闭时才能开启另一道门）。

6.2.4.9 消防系统

数据中心机房应设置火灾自动报警系统，并应符合《火灾自动报警系统设计规范》（GB 50116）的有关规定。A 级电子信息系统机房的主机房应设置洁净气体灭火系统。B 级电子信息系统机房的主机房，以及 A 级和 B 级机房中的变配电、不间断电源系统和电池室，宜设置洁净气体灭火系统，也可设置高压细水雾灭火系统。

采用管网式洁净气体灭火系统或高压细水雾灭火系统的主机房，应同时设置两种火灾灭火探测器，且火灾报警系统应与灭火系统联动。灭火系统控制器应在灭火设备动作之前，联动控制关闭机房内的风门、风阀，并应停止空调机和排风机、切断非消防电源等。机房内应设置警笛，机房门口上方应设置灭火显示灯，灭火系统的控制箱（柜）应设置在机房外便于操作的地方，且应有防止误操作的保护装置。

数据中心主机房区域及UPS室均采用七氟丙烷气体自动灭火系统，辅助房间采用水喷淋灭火系统。根据规范要求部署相应烟感、温感报警探点，并与大楼中控室消防报警系统连接。

6.2.4.10 网络系统

数据中心网络需要满足企业集中部署统一规划建设的信息系统大流量、高网络负荷、集中用户访问需求。在规划时，需要将网络的高可靠、高效交换作为首要考虑因素。数据中心部署的信息系统数量较多时，应用信息系统服务器便捷接入也是一个重要的设计考虑因素。

数据中心网络拓扑如图6–5所示。数据中心的网络架构采用分层、分区的模块化规划方法。根据不同的网络访问层次，数据中心网络分为：核心层、汇聚层和接入层。功能上分为核心交换区、应用系统1区、应用系统2区、ERP区和管理区等。

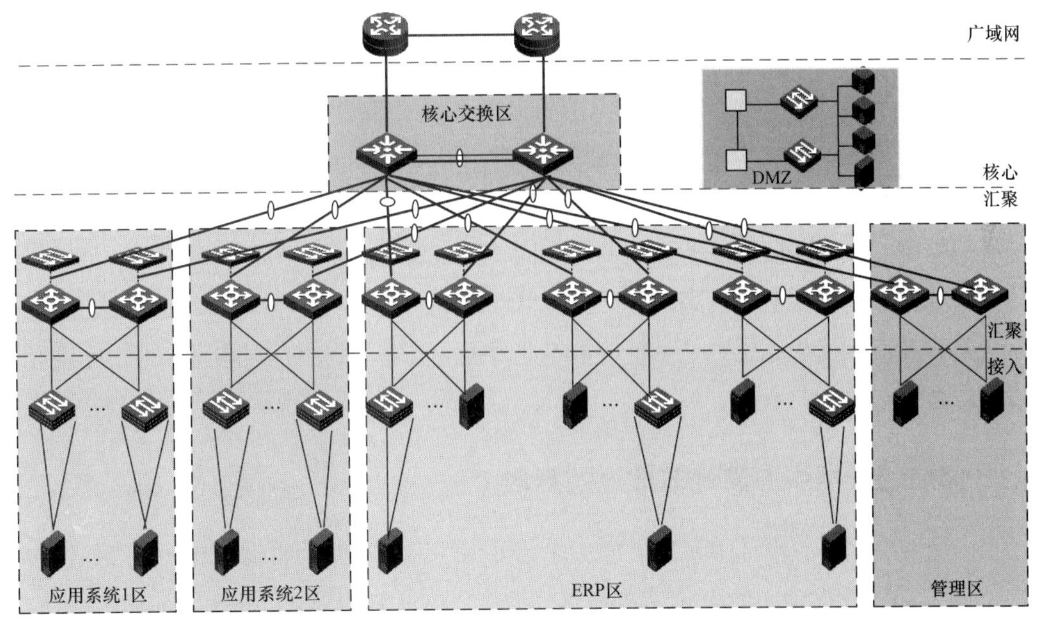

图6–5 数据中心网络拓扑

数据中心采用模块化的网络系统设计方案，以适应信息系统部署的需求。设计按照不同的业务功能进行了分区，保证了业务部署的规范性、业务流量的清晰可控，网络设备能够灵活提供各种常用网络接口，能够根据不同需求对网络模块进行合理搭配，提高了网络的灵活性与可扩展性。采用先进的三层网络交换架构，有效抑制广播风暴，提高了数据传输效率；通过使用链路聚合提高了网络传输性能，消除了网络传输瓶颈，保证了关键业务的数据传输。关键设备均采用电信级全冗余设计，层次与层次之间采用全冗余连接，有效保证了网络平台的可用性。

6.3 区域级和成员企业级数据中心

区域级和成员企业级数据中心在企业数据中心总体架构中分别处于第二级和第三级。其中区域级数据中心承担了企业骨干网络接入及分布式生产系统的部署，在整体架构中起到了承上启下的重要作用。成员企业级数据中心主要承担成员企业内部应用系统运行和网络接入。本节以某大型企业区域级和成员企业级数据中心建设为例，阐述建设原则，同时重点介绍区域级数据中心设计与建设标准及区域级数据中心机房主要子系统的建设内容。

6.3.1 区域级数据中心建设原则

区域级数据中心机房是企业数据中心总体规划中的重要组成部分，它承担着终端用户与集团级数据中心网络连接的枢纽作用，同时将部署一些信息技术服务管理类的应用。此外，需要进行分布式部署的应用系统的设备也将部署在区域级数据中心。基础设施需要持续提升完善，区域级数据中心在场地空间、电气系统、空调制冷系统及安全消防系统上，同样需要持续提升改造。均采取“统一规划、统一建设”的原则，可大大提高投资效益和资源共享程度。根据企业规模及业务分布情况建立国内及海外多个区域级数据中心，每个区域级数据中心均采用同城互备模式，即在同一城市建立两个互为备份的机房，同时区域内的接入单位分别接入两个机房，保证没有单点故障。

成员企业级数据中心原则上由各成员企业根据业务需要提出建设申请，经过企业相关审批流程后自行建设。

6.3.2 区域级数据中心设计与建设的标准

在区域级数据中心设计中，重点应考虑其可靠性和稳定性，明确所有区域级数据中心机房整体达到《数据中心的电信基础设施设计》（ANSI/TIA-942）中的 Tier Ⅲ 设计标准。在电气和空调系统的设计上，以设备负荷为依据，留有发展余地，系统架构上无单点故障，整体环境满足各类信息技术设备和工作人员对温度、湿度、洁净度、电磁场强度、噪声干扰、安全防范、防漏、电源质量、振动、防雷和接地等要求。

区域级数据中心建设需执行国家规程、规范和标准。主要包括《数据中心设计规范》（GB 50174—2012），参考国外关于数据中心机房的相关规程、规范和标准［《数据中心的电信基础设计》（ANSI/TIA-942）］。

6.3.3 区域级数据中心机房建设

区域级数据中心机房建设设计方案主要涉及 7 个子系统，包括 UPS 不间断电源系统、机房空调新风系统、后备电源发电机组、灭火及报警系统、场地环境监控系统、机房装饰工程和综合布线系统。

某大型企业单个区域级数据中心机房设计面积为 200m^2，包括 42 个机柜的机房空间和相应的 UPS 电源系统占用的辅助空间。

6.3.3.1 UPS 不间断电源系统

UPS 负荷计算。根据《数据中心的电信基础设计》（ANSI/TIA-942）中 Tier Ⅲ第九条的要求，初始用电量为 0.4～0.6kW/m^2，本方案初始用电量按 0.45kW/m^2 取值设计。

区域数据中心机房面积为 200m^2，机房设计供电能力为 90kW（200m^2 × 0.45kW/m^2= 90kW），机房设计摆放设备机柜 38 台。

UPS 配置。设计配置两台 160kV·A 的 UPS，双总线 2N 运行方式，后备时间每台满载 30min。每台 UPS 电池为 3 × 33 只，12V，120A·h，电池按照 2 层布置，设置电池架 6 个。

强电列头柜配置。区域数据中心装于正面电源来自 A 组 UPS 电力配置如图 6–6 所示。

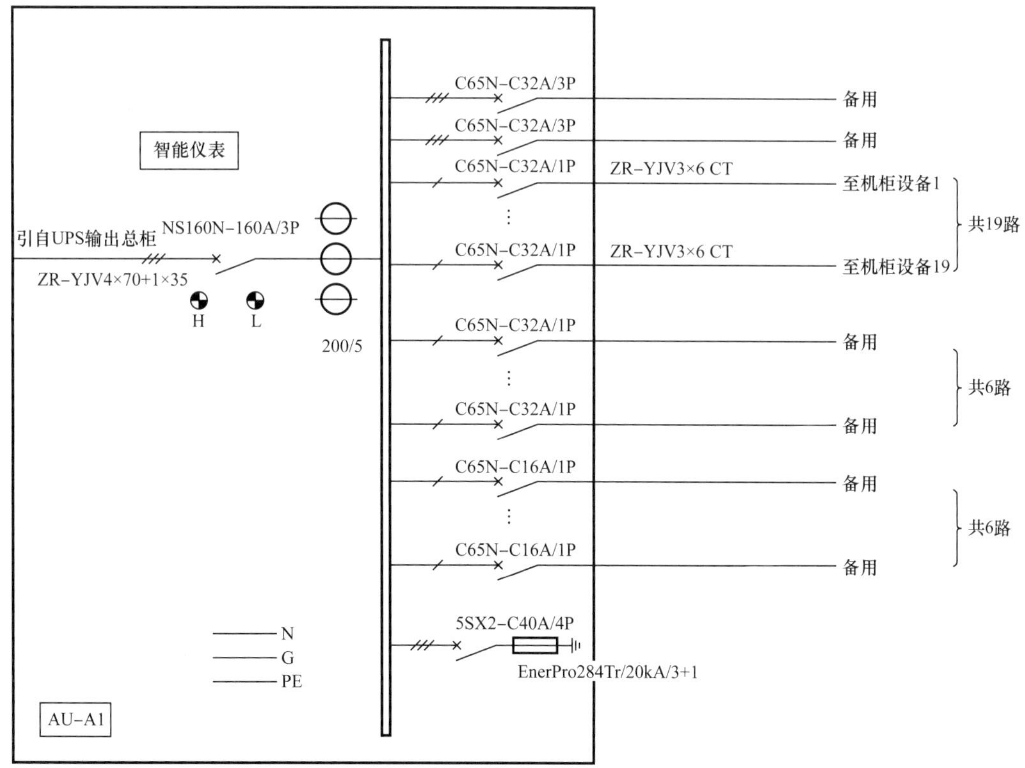

图 6–6 装于正面电源来自 A 组 UPS 电力配置

区域数据中心装于反面电源来自 B 组 UPS，在电力配置上同 A 组 UPS 一样。

机房内每组设备机柜配置一台强电列头柜配电系统，强电列头柜共 2 台，每台强电列头柜分 A、B 电源，分正反设置。

防雷与接地系统。在变配电室低压母线上装设一级电涌保护器（SPD），UPS 输入配电柜、UPS 输出总柜、机房空调配电总柜装二级电涌保护器，机柜电源分配单元（Power Distribution Unit，PDU）内装三级电涌保护器，所有其他与室外有关的配电设备和线路均装设一级电涌保护器。信息技术设备接地宜采用综合接地方式，若有特殊要求时可留有安全保护地、防静电接地、交流电零线接地、直流电逻辑接地及防雷接地端子。

6.3.3.2 机房空调新风系统

根据《数据中心设计规范》（GB 50174—2017）的规定标准，区域级数据中心的制冷设计为配置三台制冷量约 60kW/H 的空调，采用两用一备的运行方式。

机房内设备机柜的布置采用冷热通道，以保障恒温恒湿空调下送风的冷气流直接送至冷通道，热气流被直接吸回到空调机内处理。采用地板下送风上部回风的气流组织方式。

新风系统可采用机房所在楼宇已有的新风机组，通过新风管道送至专用空调上方回风口，经过恒温恒湿空调过滤并调节好温湿度后送至房间内。

6.3.3.3 后备柴油发电机配置

根据《供配电系统设计规范》GB 50052—2009 相关要求，区域级数据中心供电系统一般须引入两路市电。当一路市电检修或故障时，另一路市电承担所有负载；当两路市电均停电时，后备发电机承担所有负载，在后备发电机启动过程中由 UPS 蓄电池承担所有负载。经过计算，某大型企业区域数据中心采用配置一台后备柴油发电机，容量为 500kV·A。

6.3.3.4 灭火及报警系统

在机房面积约 200m^2 的情况下，根据机房结构首先对机房进行合理的防火分区，并根据防火分区设计出《机房消防设备布控图》。图中具体描述了机房消防设施实际安放位置，如火灾探测器、火灾报警控制器及各个灭火器材的实际位置。

主要设计内容为在机房区域安装一套气体灭火系统，分为两个消防分区：机柜区和 UPS 间。机房灭火目前采用的灭火剂大多数还是选用七氟丙烷或混合气体，七氟丙烷在机房灭火中可以采用有管网全淹没灭火形式和无管网全淹没灭火形式。某大型企业根据区域级数据中心机房规模，采用无管网全淹没灭火方式。

6.3.3.5 场地环境监控系统

采用机房集中监控系统，实现对机房环境的统一监控，减轻机房维护人员负担，提高机房的总体可靠性。机房环境监控系统包括数据采集设备（包括通信转换模块）、监控主机及监控软件系统三部分。其中，数据采集设备用于采集非智能化监控对象的控制模拟量、开关量等信号，将信号传输给监控主机，并接受监控主机的控制信号。监控主机是整个监控系统的运作核心，是各种监控数据汇集、处理及控制信息发放的硬件中心。监控软件系统则负责具体的数据处理工作。监控软件系统集中对整个数据中心的各个系统进行监控。这些系统包括 UPS 不间断电源系统、机房空调通风系统、灭火及报警系统、门禁系统和漏水检测系统等。

6.3.3.6 机房装饰工程

机房总装修面积约 200m^2，地板高 0.45m，吊顶高度 2.45m，室内设计净高 2.4m。设计楼板承重不小于 800kg/m^2；对其他 UPS 及电池组等特殊设备房间应为 1200kg/m^2。是否对地板进行承重加固，需要根据机房具体条件在设计与实施中确定。

设计总体要求包括主材选择、防尘处理、防火处理、吊顶、墙面及柱面、地面、踢脚、门窗及窗帘盒等部位的装修要求与集团级数据中心一致，可参考集团级数据中心的装饰装修工程部分。

6.3.3.7 综合布线系统

综合布线系统设计包含 38 个机柜设备，进行统一综合布线。

布线系统的设计标准为《非屏蔽双绞线传输性能现场测试规范》（EIA/TIA TSB–67）、《集中式光纤布线系统标准》（EIA/TIA TSB–72）、《开放办公室布线系统标准》（EIA/TIA TSB–75）。要求符合网络布线的相关技术标准和参数指标。能适应未来技术的发展，同时要保留一定的可扩展余地。按照机房建设的要求，采用屏蔽双绞线布线系统。

每个机柜平均按 24 个铜缆网络节点、4 个光缆网络节点，总布线点数为电口 912 个，光口 152 个。

6.4 小结

数据是企业的核心资产，企业数据中心承载企业的重要信息系统。科学合理地设计规划、建设符合企业实际的企业数据中心，是推进数据聚集、应用云计算、大数据、工业物联网、大集中信息系统建设的基础。本章介绍了企业数据中心布局与定位，大型企业可采用的三级数据中心架构，即集团级数据中心、区域级和成员企业级数据中心。结合大型企业数据中心建设的实践，详细论述了企业数据中心建设的相关理念、标准、设计、工程、建设方法等，包括机房平面布局、装饰装修工程、供配电系统、空调新风系统、综合布线系统、动力与环境监控系统、监控中心系统、安全防范系统、消防系统、网络系统等。

7　企业云计算平台

企业云计算平台建设是以数据中心基础设施为依托，利用虚拟化等新的技术和解决方案，将计算、存储和网络进行池化改造，构建计算资源池、存储资源池和网络资源池等全局可共享的资源池。同时建设对资源进行集中管控的云管理平台，实现所有承载的应用系统和用户访问与使用。在云计算环境下资源全面共享、统一管控，风险范围扩大，导致安全问题在云计算环境中更为突出和重要。

7.1　云计算平台规划设计

云计算规划包括建立技术策略和路线图，分析业务流程和应用负荷，定义云的交付模式，定义所创造的商业价值和建立信息技术架构等内容和步骤。

7.1.1　建立信息技术策略和路线图

在制订企业未来信息技术策略和演进路线图时，与制订数据中心规划的步骤、内容和实施方式基本是一致的。但在内容上，更加关注如何使用云计算的信息技术交付模式来满足企业信息化发展的需求，了解云计算运行维护和管理模式及其所带来的影响，分析云计算在数据中心的实现方式，具体的特定技术场景，如存储云规划、测试开发云规划、桌面云规划等，基于这些分析制订企业未来云计算平台的规划目标及演进的路线图。

7.1.2　分析业务流程和应用负荷

云计算作为一种新的信息技术理念引起了巨大变革。在最初启动企业云计算平台建设时，为了提高成功率，需要选择对业务影响最小、实时性要求不高的应用系统进行试点，需要分析什么样的场景适合首先使用云计算，什么样的应用系统可以通过云计算提供服务而对业务影响最小。应用系统登云要分批进行，作为实施策略，需要研究哪些系统可以先一步采用云计算的模式来提供。解决这些问题，要对企业的业务流程和应用负荷进行系统、细致的梳理和分析，确定哪些业务流程、应用、平台、基础架构适合使用云计算的相关技术和服务交付模式。

适合作为首批应用云计算平台的试点应用系统包括：成熟的套装解决方案，如电子邮件、门户系统等；安全性要求较低的应用系统；存储解决方案 / 存储服务；备份方案 / 备份和恢复服务；存储和计算紧密结合的应用，如 Hadoop 系统等。

不适合作为首批试点应用云计算的应用系统主要包括：包含企业敏感数据（如员工信息、医疗记录等）应用；需要安全审计的业务应用，如遵循萨班斯—奥克斯利法案（Sarbanes-Oxley Act）的应用系统；没有虚拟化或不具备云计算识别能力的应用软件；需要定制的应用系统等。

7.1.3 定义云的交付模式

一个企业是采用私有云、公用云还是混合云的方式，与企业业务特点、商业模式和合规要求、应用特点、云计算服务使用者类型和物理位置，以及信息技术投资情况等密切相关。在做企业云计算规划、设计时，需要依据云类型的特点来分析最适合本企业的云计算的交付模式。

公用云通过互联网为用户提供信息技术服务。企业选择应用公用云时，需要分析云服务为目标用户创造的价值，为目标用户提供云计算服务的种类如 IaaS、PaaS 或者 SaaS，投入规模、分期分批投资计划、投资的回收周期等。

私有云为企业内部的业务部门提供信息技术服务。搭建企业云符合信息技术发展方向，能够有效降低信息化成本，更好地支持企业应用系统建设与运行。企业搭建私有云平台时，需要研究确定技术方面的因素，包括硬件平台选择、软件平台的选择，所提供云计算服务和产品的技术成熟度，现有的资源综合利用方案等。

企业根据提供的云计算服务类型，软件平台选择包括操作系统、中间件、数据库、云计算资源管理软件、监控运维平台、测试开发工具等。通过对这些问题的分析和决策，帮助企业思考是否要建立提供公共服务的云计算平台，以及提供给用户什么样的云计算服务等。

企业云计算平台随着企业业务的发展，依据信息技术总体规划，从硬件标准化和应用系统集中建设开始，再开启基础架构和应用架构虚拟化进程，以此提高基础架构的效率，满足业务高速发展的需求。

7.1.4 商业价值分析

搭建企业云计算平台，投资回报考虑是一个重要的决定因素。在分析云计算创造的价值时，一些云计算服务模式所带来的价值是很难量化的，针对不同的云计算服务模式所带来的回报，需要先进行定性的分析。

基础设施即服务（IaaS）云计算模式可以提高基础设施中资源特别是服务器、存储和网络资源的利用率。使用虚拟技术的共享基础设施平台，可以有效地实现系统的冗余备份，提高信息系统的稳定性和可靠性。自动化的部署和配置管理可以最快地响应应用系统对基础设施变化的要求，实现应用系统随着业务的发展自动扩展和回收配属资源，提供高效的整体信息系统资源管理、资源部署、资源配置等模式，同时减少对系统的人为干预，降低由误操作造成的系统风险。提高信息技术运维管理水平，把信息技术对业务的支持角色变成服务提供者的角色。对信息系统运维流程的优化、信息技术服务目录的完善都具有促进作用，甚至带来根本性的信息技术运维管理提升。可以保护已有的投资，优化信息技术运营模式，提供新的商业机会。如自有的基础设施资源可以开放给第三方，成为企业新型业务的一部分。

平台即服务（PaaS）云计算模式具有服务平台灵活扩展性，具有可编程接口的资源，使新产品的开发最大限度地降低成本。同时使云计算服务在一定的投资范围内，丰富产品的种类，取得投入产出最大化。动态基础设施自动化的调配资源，可以满足业务高峰期对软硬件资源的要求。

软件即服务（SaaS）云计算模式为企业搭建信息化所需的共享基础设施（网络、服务器、存储和平台软件）资源池和业务应用软件平台，并负责实施、运行维护等信息技术标准化服务，使用户以最快的速度进入市场。通过在线租赁使用方式打破传统软硬件高成本、低利用率和维护工作量巨大的不足，真正实现以业务需求为驱动的信息技术运行维护支持模式。按软硬件资源的使用来计费，降低了企业进入市场和建设信息系统的成本，同时灵活的租赁方式使得企业的运营成本可以随着业务的发展逐渐增加，最大限度地降低运营成本，缩短对业务的响应时间。

拥有云计算平台的企业，需要对云平台创造的商业价值进行细致的定量分析以确定内部核算方式或对外服务的模式。以基础设施即服务为例，在进行定量分析时可从以下几个方面入手。

7.1.4.1 硬件节省

硬件的节省主要来自高度虚拟化服务器和存储设备，使得硬件采购数量大大降低。在云计算平台运行维护中，注意服务器 CPU 利用率提升 2 倍，硬件节省 60% 左右。同时，硬件的减少对于数据中心这个耗能大户来讲，在电力和机房设施上的节省也非常可观，大约 30%～70%。

7.1.4.2 软件节省

在进行软件创造分析时，除了云计算管理软件带来的软件效率提升，以及硬件虚拟化后带来的操作系统上软件许可证数量的减少，软件节省主要是通过在应用层面上共享虚拟化资源池时产生的效益。对于松耦合的应用架构，在应用系统的应用层和数据库层可以在同一软件上采用不同的实例方式对应用进行整合，这样可以大量减少软件许可证的数量。特别是对于大型应用系统，很多软件许可证是以服务器 CPU 的数量来收费的，随着硬件虚拟化后 CPU 数量的减少，软件许可证的数量也将随之大大降低。

7.1.4.3 自动化部署收益

自动化部署可以带来运维人员效率的提高，同时避免由于人为操作失误所带来的风险。尤其对于大型企业，实现多个同样或者同质系统的部署过程中，使用脚本进行自动化部署所带来的效益非常可观。

7.1.4.4 自动化运维收益

自动化部署对于日常系统运行维护，如安装系统补丁，在提高效率、降低运行维护人员工作量上都会创造出明显的价值。这些都需要进行价值分析。

7.1.4.5 生产率提升收益

在多数企业中，对信息技术资源的申请和配置所采用的流程比较传统，即使用纸质的申请方式，交由各个管理机构进行审批。在审批通过后，再交由信息技术运行维护部门准备计算机软硬件资源，进行相应的部署和配置。在云计算服务交付模式中，需要人为干预审批的环节减少，多数流程和工作都可以通过自动化工具来实现，从而使信息技术运行维护人员和其他的参与者有更多时间从事高价值工作，也使信息技术软硬件资源的回收处于可监控的状态。效率的提高还体现在各方参与者，特别是信息技术资源申请者等待资源的时间大大缩短，促进了生产效率的提升。

7.1.4.6 系统管理收益

系统管理收益由工具使用和系统高效管理所创作。工具化的流程管理很大程度上提高了信息技术运行维护管理的规范化和标准化，提高 IT 运维管理的成熟度。

7.1.4.7 绿色环保和社会收益

支持云计算服务的虚拟化技术，对绿色环保有着重要的贡献。在软硬件整合虚拟化之后，软硬件的部署数量大大降低。为维持这些信息系统运行所消耗的电力和产生的碳排放量也会大大降低。

7.1.5 建立信息技术架构

确立了云计算发展策略和路线图，分析了能够优先使用云计算技术的应用系统，明确了云计算交付模式和商业价值，就要开始建立适合于云计算交付模式的信息技术架构，基础设施即服务、平台即服务、软件即服务对应的信息技术架构各不相同。

7.2 云计算平台整体架构

云计算环境的建设以数据中心基础设施为依托，利用虚拟化等新的技术和解决方案将计算、存储和网络进行池化改造，构建计算资源池、存储资源池和网络资源池，集中管控计算、存储和网络资源，实现被所有云计算环境中的应用系统和用户所访问和使用。资源池的构建解决了基础设施资源的贯通、可达和共享问题，在此基础上，云计算按需自服务的特性要求将资源池进行服务化封装，以服务目录的形式提供给最终用户使用，同时还需要对资源进行集中管控和运行维护，由云管理平台的两大功能组件运营支撑系统（Operation Support System，OSS）和业务支撑系统（Business Support System，BSS）来实现。此外，在云计算环境建设和运维过程中，还需要面向云计算的安全体系架构和精细化管理规范，确保云计算环境安全、稳定和高效地运行。云计算整体技术架构方案如图 7-1 所示。

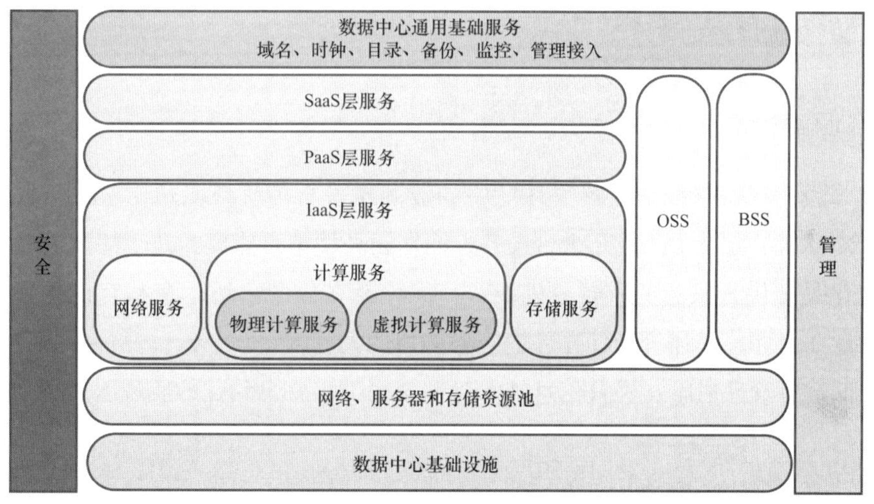

图 7-1 云计算整体技术架构

IaaS 云计算平台建设主要包括两部分内容：构建资源全局可共享的资源池和实现对资源集中管控的云管理平台。

7.2.1 构建可弹性伸缩资源池

在 IaaS 云计算环境中，要向应用系统统一供给硬件资源，需要通过技术手段实现包括计算、存储和网络在内的基础设施资源的全面贯通和可达，即应用系统可以使用和访问云计算环境中的任意资源，将孤立的基础设施资源通过池化分别改造形成计算资源池、存储资源池和网络资源池，使集中管控和按需分配成为可能。弹性是云计算的重要特性，分配给应用系统的资源乃至整个资源池可以随着业务负载需求的变化实现弹性伸缩。

7.2.2 云管理平台及云服务

实现资源服务化供给，满足用户的按需使用是 IaaS 云计算的核心特性，云管理平台是实现云计算环境中对资源集中管控、统一分配、计量计费等云运营策略的基础和进行精细化管理、实现一体化运行维护的重要工具。

7.2.3 实现云计算环境的安全

云计算的安全问题一直为业界所关注，其原因主要在于云计算作为新兴技术，仍有很多方面需要不断深化研究、学习和认知，其技术架构复杂、运营管理方式的转变会形成新的安全风险点。在云计算环境下，企业所有应用系统共享一套资源池，统一管控调度，在云平台建设过程中要同期设计、实施信息安全防护架构，并不断提升完善。

7.3 共享资源池建设

7.3.1 资源池标准化建设

集中建设、统一管控的云计算环境中的资源规模与传统环境相比呈数倍、数十倍增长，在传统环境下会有十几或几十台设备，而在云环境中可能变为几千甚至上万的规模。

自动化是提供云服务的重要原则之一。无论是在公用云还是在私有云，自动化都是云计算的重要目标，是评价云计算环境服务能力的关键因素。在云计算环境下要实现快速部署、降低运营管理成本、提升信息技术管理效率都需要自动化的实现以及自动化程度的提升。

在云计算环境中，自动化对象往往是那些经常使用、手工发起的复杂操作，这就要求自动化的对象应符合通用设计，遵循相同的技术规范，具备一致的处理流程，动作行为可参数化。即，自动化的目标应该是标准化。标准化实现的层次决定了可以实现自动化操作的对象，而这往往决定了云计算的建设模式。可以说，云计算环境中，标准化是自动化的基础。

基于通过自动化实现管控能力提升，通过标准化实现自动化的整体思路，要在机房布局、计算、存储和网络四个方面实现标准化，某大型企业云计算环境标准化设计如图 7–2 所示。

机房布局设计标准包括机房布局、机房布线和命名标准三部分内容：

（1）机房布局。各机房模块需划分成区域，分别是标准区域和非标准区域。其中，标准区域主要用于容纳可放置在标准机柜内的服务器及接入设备；非标准区域用于摆放存

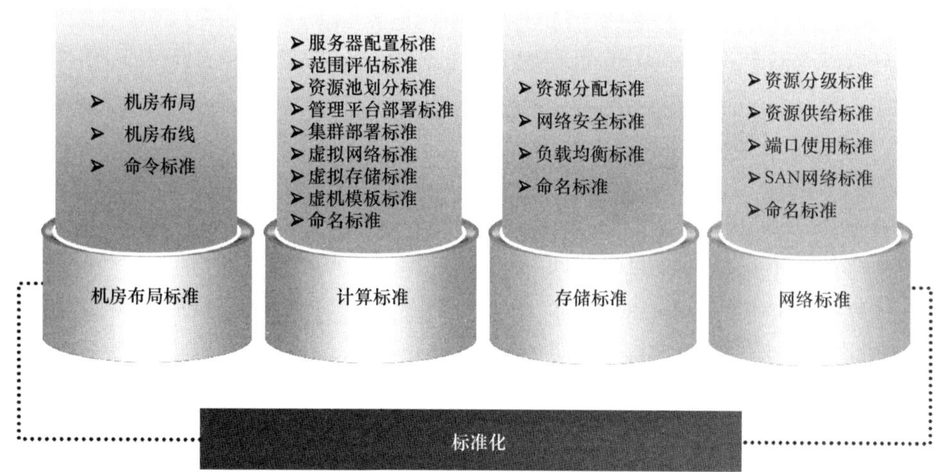

图 7-2　云计算环境标准化设计

储、带库、汇聚交换机、基于网络互联协议的光纤通道（Fibre Channel Over IP，FCIP）设备和负载均衡设备。对于存储及带库设备，参考其扩容能力和实际应用需要，同时考虑后期便于维护，为其留出扩容和维护机柜位。在标准区域内，8 个服务器机柜为一个部署单元，平均分布在两排。扩展按 8 个服务器机柜为标准扩展单位，如果扩展空间不满足 8 个机柜，则按具体情况扩展。服务器设备从下至上进行摆放，中间不留空隙。

（2）机房布线。对于数据库服务器，统一使用 8 个光口 1 个电口的部署方案，即 4 根 IP 光纤网线，4 根 SAN 光纤存储线和 1 根用于设备管理的千兆 IP 电口线。对于虚拟化服务器采用 6 个光口 1 个电口的布线方案，即 4 根 IP 光纤网线，2 根 SAN 光纤存储线，1 根用于设备管理的千兆 IP 电口线。根据机房环境的具体要求，也可采用 4 光 3 电的布线方案，即 2 根 IP 光纤网线，2 根 SAN 光纤存储线，2 根万兆 IP 电口线和 1 根用于设备管理的千兆 IP 电口线。

（3）命名标准。对于设备的命名应采用统一的规范，同时命名中体现设备相关信息。

7.3.2　网络资源池

传统数据中心的网络往往使用生成树协议（Spanning Tree Protocol，STP）技术组网，STP 为交换机定义了一组规则用于探知链路层拓扑，并对交换机的链路层转发行为进行控制。如果 STP 发现网络中存在环路，它会在环路上选择一个恰当的位置阻塞链路上的端口，阻止端口转发或接收以太网帧。通过这种方式消除二层网络中可能产生的广播风暴。实际部署中，为确保网络的高可用性，数据中心网络园区网络通常都会采用具有环路的物理拓扑，并采用 STP 阻塞部分端口的转发。对于被阻塞端口，只有在处于转发状态的端口及链路发生故障时，才可能被 STP 加入二层数据帧的转发树中。

采用 STP 技术存在如下问题：网络传输路径效率低下，网络流量需绕行 N–1 跳，而路由网络只需 N/2 跳甚至更短；带宽利用率低，STP 通过中断链路来阻断环路的方法降低带宽利用率，在 STP 组网环境下大量带宽处于闲置状态，无法利用；可靠性低，在 STP 环境下出现故障时切换时间是秒级的，切换效率较差，对设备消耗较大，网络整体可靠性较低；维护复杂，STP 环境下链路引起拓扑变化复杂，容易引发广播风暴，对网络的配置、管理难度将随着网络设备规模的增加而剧增。

在云计算数据中心中，随着虚拟化技术的广泛应用，部署服务器的规模在快速增加。更多的客户要求在同一个二层网络内，虚拟机可以在不变更 IP 地址的情况下快速迁移到任意一台物理机上，需要在云计算环境下有一个大规模二层接入能力的，高带宽、无阻塞的网络，即实现大二层网络。

当前，大二层网络的技术方案主要包括华三公司智能弹性架构（Intelligent Resilient Framework，IRF）、最短路径桥（Shortest Path Bridge，SPB）组网技术、以太网虚拟化互联（Ethernet Virtual Interconnection，EVI）组网技术、在虚拟交换机（vSwitch）上支持大二层的虚拟化的扩展局域网（Virtual eXtensible LAN，VXLAN）、网络虚拟化通用路由封装（Network Virtual GRE，NVGRE）技术和多链路透明互联（Transparent Interconnection of Lots of Links，TRILL）技术。考虑到云技术平台所采购的设备和实际需求，某大型企业采用 TRILL 作为构建企业云计算大二层网络的解决方案。

TRILL 是为适应云计算数据中心需要而发展的一种新技术，其核心思想是将成熟的三层路由的计算方法和控制手段应用到二层数据交换中。应用隧道技术对传统二层数据报文加增一个新的封装，从而通过新的数据报文头进行寻址、控制和转发。引入三层路由，可实现数据中心内的二层数据转发，具有大规模组网、最短路径转发、多等价路径、收敛快速、便于扩展及服务器迁移等诸多优势。从而规避传统二层组网带来的网络风暴、STP 单路径等缺陷，实现健壮的大规模二层组网，目前已经有如 RFC6325、RFC6326、RFC6327 等协议标准化。

企业数据中心通常部署多个应用信息系统，相互间的互访业务流量小，但同一应用系统的服务器之间互访的业务流量大。一个或几个的应用信息系统的服务器部署在同一个模块（Point of Delivery，POD）区，但不存在某单个应用系统服务器跨 POD 区域部署的情况。使用 IaaS 云计算平台的应用信息系统，服务器进行虚拟化应用，同时需要在本系统部署所在 POD 内进行自由迁移。根据业务流量特点，采用“核心 + 汇聚 + 接入”的三层组网架构，核心、汇聚、接入均采用支持 TRILL 技术的机框式数据中心交换机，核心、汇聚、接入三层 TRILL 组网架构如图 7–3 所示。

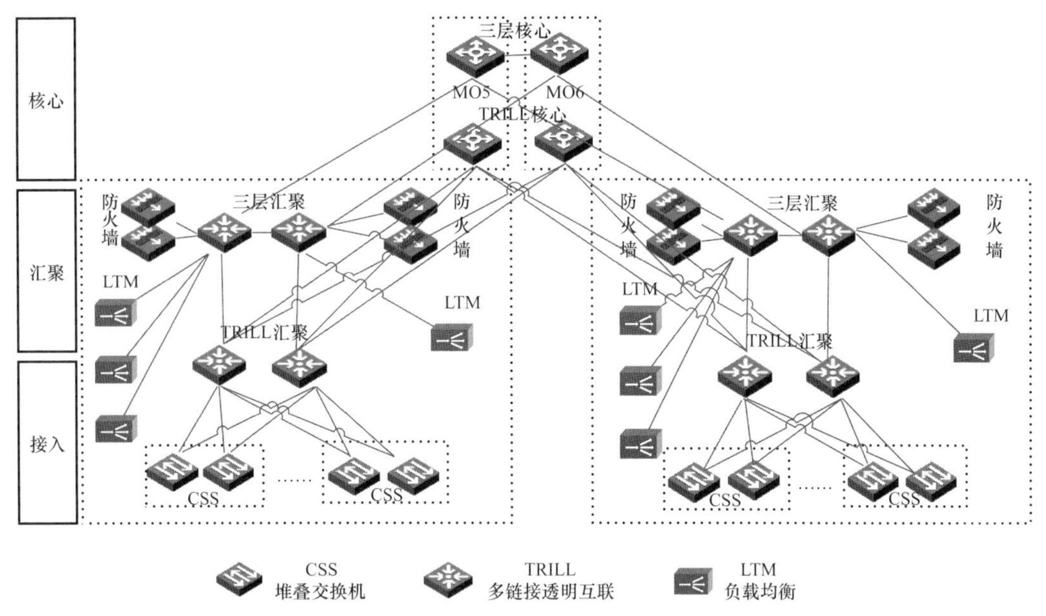

图 7-3　核心 + 汇聚 + 接入三层 Trill 组网架构

在整个数据中心网络核心层部署两台核心交换机、两台核心 TRILL 交换机；在每个 POD 区内部署两台汇聚交换机，通过虚拟化技术虚拟成为 TRILL 汇聚和三层核心汇聚；每个应用系统组成一个内部 TRILL 网络，启用自己独立的虚拟局域网载体（carrier-VLAN），跨 POD 大二层数据交互通过核心 TRILL 交换机实现；汇聚层交换机采用虚拟技术虚拟出两台逻辑交换机 VS0 和 VS2；VS0 作为业务 VLAN 网关，用于路由发布，两台汇聚交换机间启用虚拟路由冗余协议（Virtual Router Redundancy Protocol，VRRP）保证网关可靠性；VS0 与核心层之间运行 OSPF 动态路由协议，并组成口字型组网方式，实现业务在核心层转发；VS2 部署 TRILL 协议，VS2 之间独立部署，不进行互联；VS2 与 VS0 互联接口作为 TRILL 网络的边缘端口进行承载客户端虚拟局域网（Custom VLAN，CVLAN）业务，与接入交换机互联接口部署一个 carrier-VLAN，用于承载 TRILL 数据报文及 TRILL 协议报文协商；在接入层交换机服务器侧，根据业务 VLAN 规划 TRILL CE-VLAN，两者能保持一致；服务器网关设置在就近核心汇聚的虚拟交换机上，在实际应用中跨 POD 的大二层扩展的数据交互量远远小于同 POD 内的大二层数据交互量。

企业私有云构建的大二层网络，极大地扩展了二层网络的接入能力，实现了虚拟机在更大规模服务器范围内的在线迁移，同时构建了高带宽、无阻塞的网络架构。

7.3.3　计算资源池

考虑到企业信息系统需求，使用 X86 设备设计并实现物理计算资源和虚拟计算资源两种云计算资源。为实现统一管控，这两种资源通过云管理平台进行统一的管控和对外提供服务，分别对应虚拟机服务和物理机服务。对这两种服务的选择和使用，思路如下：对于通用类计算资源，尽可能进行虚拟化部署；单台虚拟机容量需求接近或超过物理机整机容量，采用物理机；不支持虚拟化的应用采用物理机，如高绩效软件分析应用。

由于 VMware 的虚拟化产品 vSphere 在功能、性能、产品可用性、商业化程度和支持能力等方面具有强大的优势，可选用 vSphere 作为服务器虚拟化解决方案。

根据 vSphere 的产品特点和企业云计算整体设计，进行虚拟化管理平台设计，虚拟化管理平台架构如图 7–4 所示。

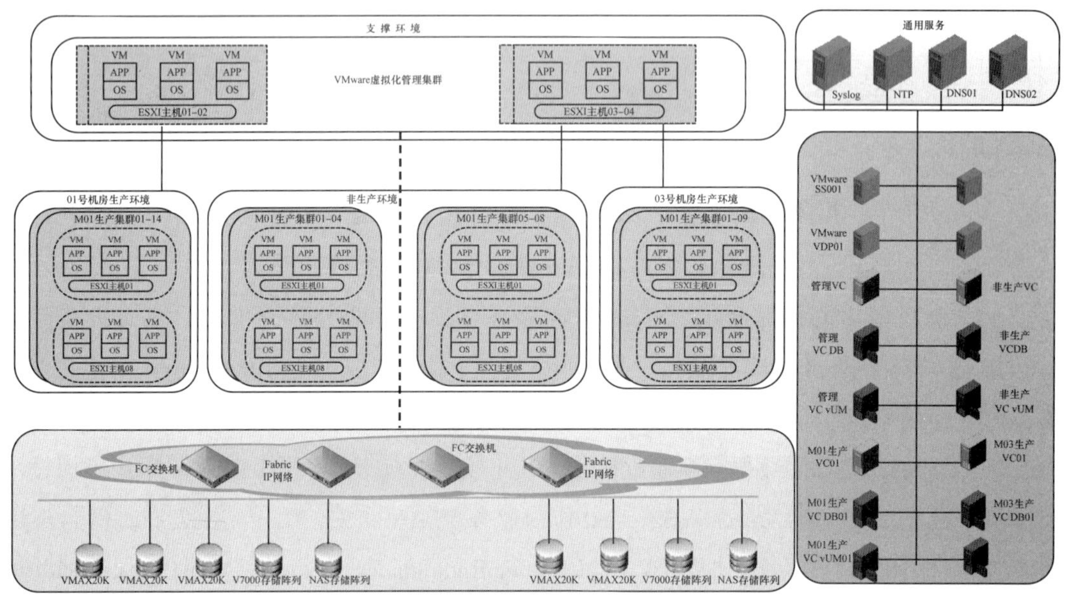

图 7–4　虚拟化管理平台架构

所有硬件资源分为支撑环境、生产环境和非生产环境三类不同的功能区域；考虑到虚拟中心（vCenter）管理范围的最佳实践和有效利用 IP 地址资源，每 255 台 ESXi 虚拟机（Elastic Sky X，ESXi，VMware 开发一系列虚拟化软件的开发代号）由独立的 vCenter 管理，生产和非生产环境相互隔离。

根据应用系统可用性要求、应用系统体量和数据分布特点，设计每 8 台 ESXi 构成一个集群（Cluster），每个集群预留 1 台 ESXi 处理能力的冗余用于高可用保护，同时启用 VMware 容错（Fault Tolerance，FT）技术，对核心服务进行内存级实时保护。为确保应用负载能够在集群范围内平均分布，在 VMWare 集群上启用分布式资源调度（Distributed Resource Scheduler，DRS）功能，实现集群内 CPU/ 内存资源的自动负载平衡。创建存储集群（Storage Cluster），并启用存储分布式资源调度（Storage DRS）功能，实现容量的自动负载均衡和存储时吞吐能力低时进行数据迁移三。

虚拟化技术在细化资源分配、提升资源利用率的同时，作为云计算的支撑技术之一，更为重要的是可以实现面向应用系统的资源灵活调度。在虚拟化环境中遵循虚拟化集群内资源自由调度，vCenter 内自动化调度，跨 vCenter/ 机房模块受限调度的资源调度原则。

企业云计算环境中的计算资源池，也设计部署物理计算服务。考虑到企业信息系统的体量和特定需求，使用 X86 设备设计并实现物理计算和虚拟计算两种计算服务，并实现对这两种计算资源的统一管控，丰富服务目录、满足大型企业信息系统的特定需求，提升定制化服务能力。

7.3.4 存储资源池

由于所涉应用系统多属数据集中类系统，使用商用套装软件，部署集中数据库，数据库稳定性对业务连续性影响大，对 I/O 性能要求高。考虑存储技术发展阶段，针对此类应用，多采用集中式 SAN 存储用于存储数据库数据。

传统的 SAN 存储架构的星型布局，针对每个应用系统单独进行规划，适用于相互隔离、独立运行的信息系统部署架构，而对于云计算存储资源池的管理方式，需要在存储网络构造、存储资源属性定义、存储资源管理等方面进行改进和创新。

在存储网络方面，改变传统的星型布局，采用核心—边缘（Core-Edge）SAN 网络架构，计算资源通过边缘交换设备接入存储网络，存储资源通过核心交换设备接入存储网络，SAN 核心交换机和 SAN 边缘交换机通过光纤进行级联。同时，针对跨机房模块需构建统一存储资源池的情况，在机房模块间连通核心交换机，以满足机房模块间数据备份和迁移需求。通过 Core-Edge SAN 网络架构，可以接入到该网络的所有计算资源，通过边缘交换机访问接入到核心交换机上的存储设备中的任意存储空间，使存储资源共享和统一管控成为可能。Core-Edge SAN 网络架构如图 7-5 所示。

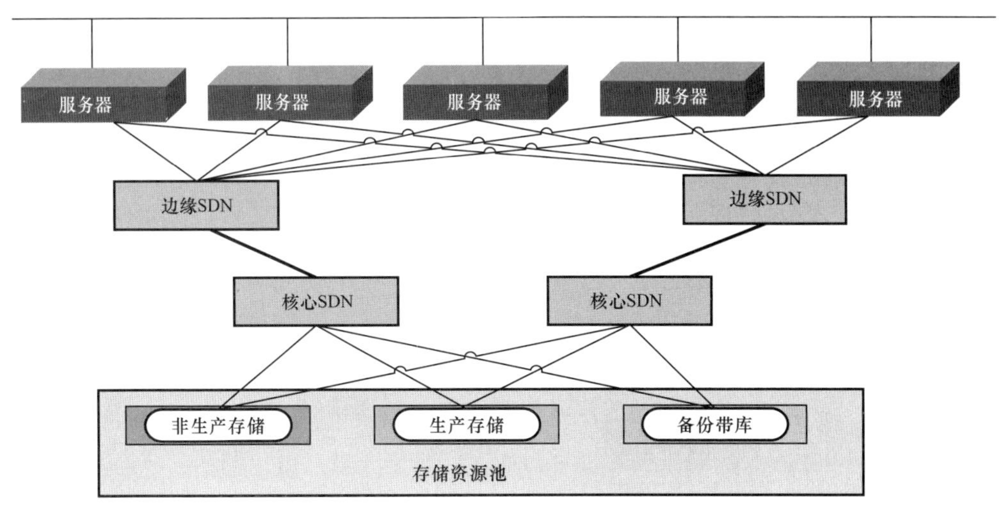

图 7-5　Core-Edge SAN 网络架构

在传统SAN存储架构中，存储资源从采购、设计、实施、分配到维护都针对特定的应用系统，需求简单而明确。在云计算环境中，存储需要形成资源池统一为各类应用系统服务，这就要求将各种应用对存储的需求抽象出来，形成存储资源属性的定义和分级，以满足各类应用系统的I/O要求，实现统一的、标准化的存储资源供给。

分析磁盘的类型、磁盘阵列（Redundant Arrays of Independent Disks，RAID）的划分、磁盘的数量这三个因素，将SAN存储分为不同存储等级。单从磁盘类型看，固态硬盘（Solid State Drives，SSD）性能最强，串行连接小型计算机系统接口磁盘（Serial Attached SCSI，SAS）较弱，SSD+SAS居中。资源池根据业务的需求，选择不同SAN/NAS存储资源，构建资源池的存储服务。存储分级设计见表7-1，包括划分依据和建议的用途。

表7-1　存储分级设计

存储池等级	磁盘类型	存储设备	磁盘阵列数	用途
金	SSD+SAS	VMAX 20K	10	数据库数据
银	SAS	VMAX 20K	5	虚拟机文件

企业云计算环境存储资源池根据应用特点设计了用于集中式数据库的高端存储资源池，并充分利用高端存储功能特性设计并提供基于存储级的快照和容灾服务。与目前业内主流公用云环境和其他私有云环境相比，在存储性能、可用性、可靠性及容灾的恢复点目标（Recovery Point Object，RPO）指标方面都具有明显优势。同时，通过存储管理平台，能够大幅提升对于SAN存储的管理效率，实现SAN存储管控的标准化和自动化。

7.4　云管理平台建设

7.4.1　云管理平台

云服务设计、发布和管理是云计算的核心，体现了云计算的运营形态，而云管理平台是实现云服务全生命周期管理的基础，是实现云计算运营模式的载体。云管理平台功能架构如图7-6所示。

按照ISO/IEC发布的云计算参考架构（CCRA），其中功能层（Functional Layers）中的用户功能层（User Layer）、访问功能层（Access Layer）和服务功能层（Service Layer）都应该在云管理平台中实现。对于云管理平台而言，其建设重点可以归纳为状态可视、分配可控和服务可用。企业云管理平台共包括11个功能模块：

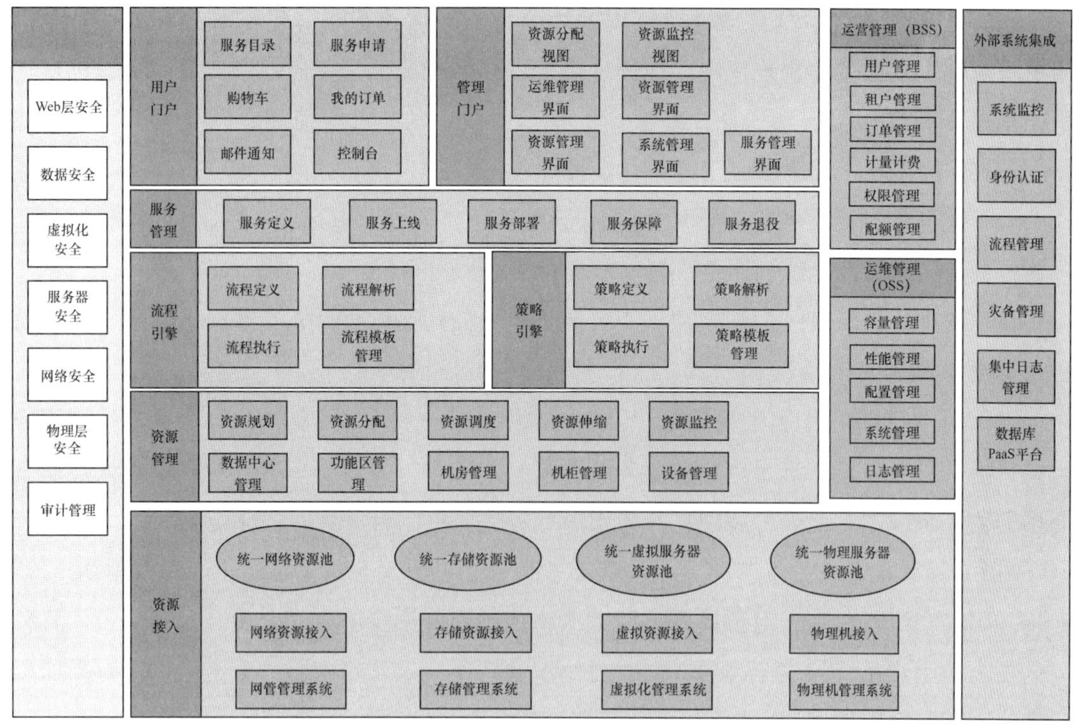

图 7–6　云管理平台功能架构

（1）资源接入。资源接入模块主要用于管控包括计算、存储和网络在内的基础架构资源。从云管理平台定位考虑，云管理平台并不直接驱动硬件设备，而是由对应的硬件管理平台或硬件管理模块驱动，管理平台通过 API 获取资源相关信息，推送资源操作命令。

（2）资源管理模块。资源管理模块主要用于实现对资源接入模块所收集信息的梳理和纳管，根据流程引擎模块和策略引擎模块制订的规则实现资源信息数据的管控，发起对资源的操作指令，并交由资源接入模块实现。

（3）流程引擎。定义资源申请、资源分配、资源弹性伸缩、资源回收等操作的步骤和流程。

（4）策略引擎。根据云计算运营策略、资源池分级机制和用户需求定义资源操作规则。目前已经实现的规则包括：虚拟机在数据中心模块、功能区、vCenter 和集群的分配规则；存储资源根据性能需求、容灾需求、镜像需求的分配规则；IP 地址和 VLAN 根据隔离和访问需求的分配规则。

（5）运维管理。运维管理模块主要由云计算供应方的运维人员使用，用于监控当前资源池中包括计算、存储和网络在内的资源容量情况；对性能、可用性等 SLA 相关 KPI 进行监控；管理云计算环境配置信息；维护云计算环境中管理系统；记录平台操作日志并定期审计。

（6）运营管理。运营管理模块体现云计算环境的运营策略，包括对云管理平台用户维护；对使用云服务的租户权限、配额进行管理；维护服务订单；对用户使用资源进行计量，出具资源使用报表和凭证，并根据税率、计费规则、资源使用级别、服务等级协议（Service Level Agreement，SLA）等进行虚拟计费等。

（7）服务管理。服务管理模块主要用于在云管理平台上进行服务的全生命周期管理，包括服务定义、服务上线、服务部署、服务保障和服务退役等。

（8）管理门户。管理门户模块用于云服务供应商的运维管理人员登录云管理平台进行资源和服务的维护。

（9）用户门户。用户门户模块是用户申请、使用云服务的统一入口，为用户呈现服务目录，提供服务申请，满足用户对服务的购买消费需求，并对订单进行管理；为云消费者提供相关资源视图、报表的展现；并为云消费者提供控制台进行客户化定制。

（10）云平台安全。将 Web 层安全、数据安全、虚拟化安全、服务器安全、网络安全和物理层安全进行封装，对云计算环境中从物理层到应用层进行安全检查，确保云计算环境的安全和用户系统的安全合规。同时提供审计功能，做到所有事件有记录、所有操作可回溯和所有安全事件用户可知。

（11）外部系统集成。云管理平台更关注在云计算环境中的运营运维制度的落实和服务生命周期管理，包括资源操作、状态监控、容灾实现及部分安全功能等都有赖于和其他平台集成配合实现。外部系统集成模块就是用于和其他系统集成，形成完整功能体系以供用户使用。

在云计算环境中，所有资源都是以服务的形式进行供给，服务是云计算的核心特性，是联系服务提供者和服务消费者之间的桥梁。而云管理平台是实现云服务的载体，是真正落实云计算环境运营、运维管理策略的平台。

7.4.2 资源纳管

云管理平台是云计算使用者消费资源和服务的门户入口，同时也是云服务供应商对云计算服务和资源的管控运维平台，企业建设云平台更为重要的是从云服务供应商的视角通过云管理平台实现对资源的集中管控，必须准确、及时地掌握当前云计算环境使用状态。

首先，需要实现资源的接入，管控包括计算、存储和网络在内的基础架构资源，从云管理平台定位考虑，云管理平台并不直接驱动硬件设备，而是由对应的硬件管理平台或硬件管理模块驱动，管理平台通过接口获取资源相关信息，推送资源操作命令。

其次，实现对资源接入所收集信息的梳理和纳管，根据流程引擎模块和策略引擎模块制订的规则实现资源信息数据的管控，发起对资源的操作指令，并交由资源接入模块实现。

同时，对包括物理和虚拟化计算资源、存储资源和网络资源等基础架构资源的资产管理、使用情况和设备状态的监控，及时发现、处理和上报问题。

最后，面向服务的管控主要集中在两个方面：一方面监控上线服务的运行状态，确保其运转正常，及时发现事件与问题；另一方面是对服务等级水平（Service-Level Agreement，SLA）的达成度监控。

7.4.3 资源配额及分配

基础架构资源的配额及分配是云计算运营最重要的基础和最核心的资源。对基础架构资源的合理管控是企业建设自己的私有云的重要出发点，而对资源管控的实现需要通过云管理平台完成。对于云计算环境中的基础架构资源，从初始建设、分配使用再到回收等一系列动作，都应该制订详细、规范的流程及科学合理的处理手段，使云管理平台对资源的管控涵盖资源的全生命周期，做到初始建设合理、管控过程合规、资源分配合适、管控操作可回溯、已分配资源可回收。

云服务流程如图 7–7 所示，定义了云服务从资源申请到最终资源供给的实现流程。

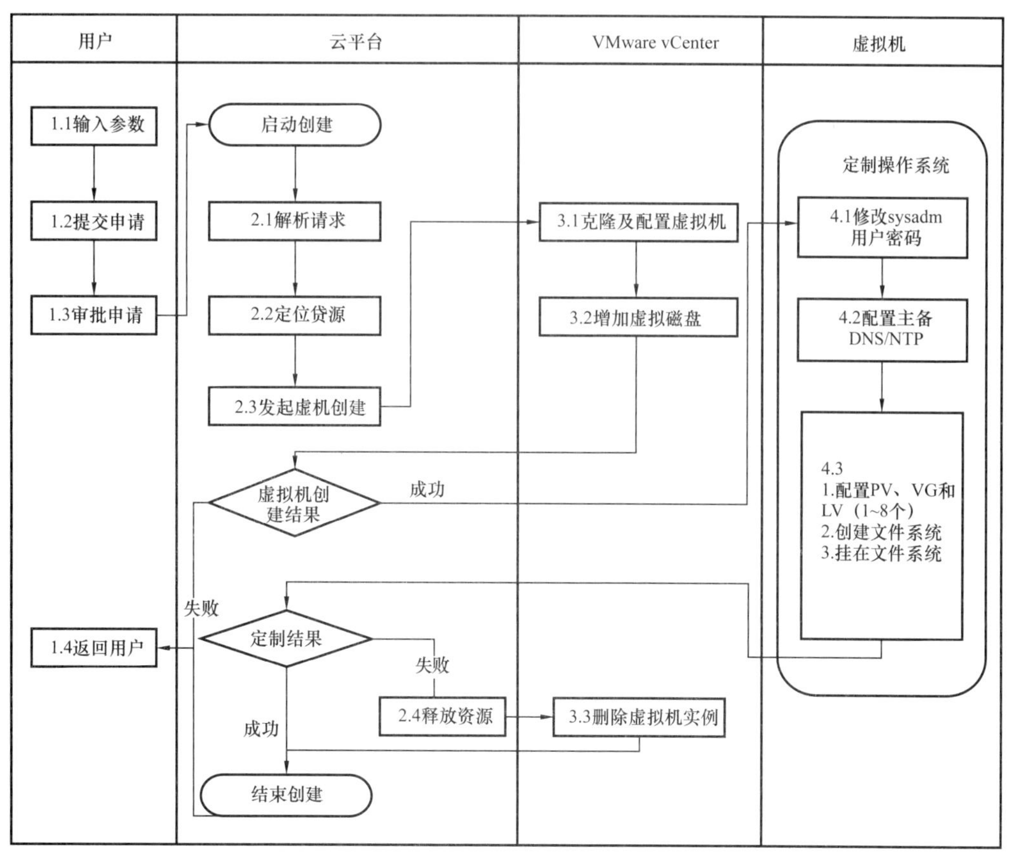

图 7–7　云服务流程

7.4.4 运维和运营管理

云管理平台是云服务、云运营和云运维真正落地实现的基础。通过采用模块化、轻量化、功能和接口开放的设计思路，实现资源可管控、服务可落地、开发可复用、功能可扩展、用户可定制的预定目标。

云管理平台是服务化运营实现的核心。通过云管理平台落实云服务的全生命周期管理，云服务的维护包括两个方面：一是针对云服务自身的维护，包括对服务能力和状态的监控，对服务性能和规模的趋势分析，服务的修正与升级，服务底层架构的维护等；二是服务的 SLA 达成度保障，包括实时监控服务的 KPI，并与 SLA 所规定的服务目标进行比较，在不符合 SLA 时及时干预使其符合要求。同时，确保满足 SLA 所规定的安全、隔离等相关条款。

企业云服务体系的建立，使得企业信息化建设与管理水平上升到了一个新的层次，真正实现了服务化建设、服务化管理和服务化运营。

7.4.5 云服务

根据企业信息化建设所处阶段和云计算技术特征，以应用需求为源头，结合资源池设计识别云服务，在标准化、可复用思路的指导下进行云服务和云管理平台设计和实现。

云服务识别以应用调研为基础，结合资源池设计结果，识别出相关的云服务。其识别的原则需要兼顾必要性、可复用性和实施便利性等多个维度，进行综合的评估。必要性是指该服务在部署或运维过程中有必要提供自动化服务；可复用性是指该服务在部署或运维中有较高的重复使用率；实施便利性是指充分评估服务实现的性价比。

根据综合的评估结果，最终给出云服务识别建议。云服务的识别原则不是一成不变，影响服务识别的主要因素有两个：一是需求的变化，用户关于服务的需求总是变化的，随着时间的迁移及业务系统的发展，总会有一些新的服务需求出现；二是权重的变化，不同时期、不同技术条件下，云服务的不同维度的权重可能不同，从而最终影响识别结果。

基于如上的工作方法和识别原则，在项目的初期，根据应用系统的需求，结合已有的项目经验及最佳实践，规划包括基础资源服务、平台软件服务、应用系统服务、系统运维服务在内的大类、子类和服务项目。

每个云服务的设计都包括云服务定义、资源配置和供给流程三个部分，以供给虚拟机为例，云服务定义中涵盖了云服务的核心信息，包括基本信息、架构、软件配置、非功能描述、管理功能、服务对象、服务提供方、服务负责人、部署域和服务应用等。

7.5 云计算安全建设

对于企业而言，选择自建私有云最大的动力就在于安全。数据表明，安全已经成为阻碍云计算发展的最主要原因之一。根据数据分析师协会统计，32% 已经使用云计算的组织和 45% 尚未使用云计算的组织的信息通信技术（Information Communication Technology，ICT）管理，将云安全作为进一步部署云的最大障碍。

在传统环境下，由于各个应用系统是相互隔离、独立的，遭遇安全事件时往往只有特定系统会受到影响。而云计算作为新兴技术，在实现了资源全面共享、统一管控的同时，也导致风险急剧扩大和蔓延。安全架构无法一蹴而就，而是随着技术架构和解决方案的更新，逐步完善和落实。

在云计算体系中，安全涉及很多层面，从技术角度看，在云计算环境中应主要考虑网络安全、存储安全、物理机安全、虚拟化安全、虚拟化管理安全、交付层安全、数据安全、安全服务和运维安全等多个层面和领域。云计算安全实例如图 7-8 所示。

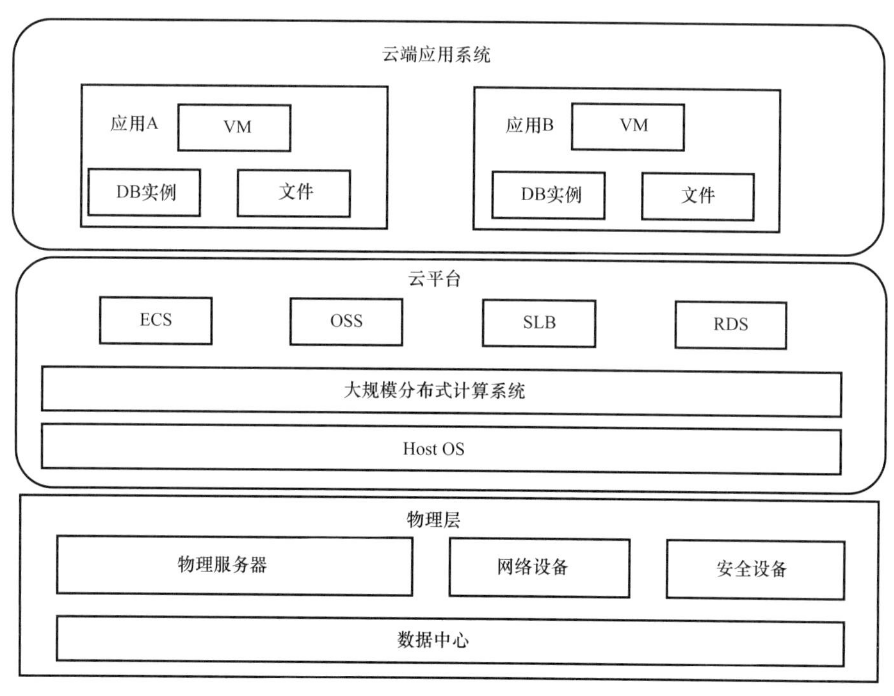

图 7-8 云计算安全实例

需要指出的是，云计算在为企业提供资源利用效率、系统部署效率及管理效率的同时，风险实际上也加大了。云计算安全从不同纬度有不同的设计，包括共享资源池建设、云管平台建设等，都要同时考虑安全措施。从管理角度看，云计算平台和运行于平台之上的信息系统需要分别考虑安全措施。两者的责任可能会归属不同的单位、部门和技术支持队伍。云计算平台安全责任应该主要由信息管理部门和云平台建设、运行维护的信息技术单位承担，而在云计算平台上运行的信息系统，其安全责任应主要由业务单位和应用系统技术支持队伍来承担。在实际运行过程中，两者会有交叉，因此应认真梳理，划清责任边界。

7.6 云计算应用成效

7.6.1 降低设备成本

云计算环境在计算服务的设计上，全面采用 X86 服务器替换 UNIX 小型机服务器，带来的收益主要体现在以下几个方面：

（1）降低设备采购成本。在处理能力接近的情况下，X86 服务器采购成本与 UNIX 小型机相比，下降 45%～55%，大幅降低了设备采购成本。

（2）降低维保费用。UNIX 小型机每年维保费用一般在设备采购价格的 15% 左右，而 X86 服务器每年维保费用不超过设备采购价格的 5%，每年节约设备维保费用近 2/3。

（3）提升国产化比例。主流 UNIX 小型机的生产厂商均为国外厂商，且供应商数不满足招标选择。X86 服务器有多家成熟的国内厂商，可实现服务器设备国产化。供应商厂家多，可以招标选商，大幅降低采购成本。

7.6.2 通过提升资源利用率实现降本增效

云技术平台打破了以往信息系统竖井式的建设架构，构建了服务器、存储和网络三大硬件资源池，实现了硬件资源的充分共享。根据应用系统的实际需求灵活调度软硬件资源，一方面可以大幅提升资源利用率，减少整体资源需求，实现降低信息化建设成本的目的，另一方面可以更好地满足应用系统对资源的需求，及时响应应用系统负载变化，改善应用系统最终用户体验。

某大型企业 ERP 应用集成项目硬件设备原计划支撑 7 个应用平台的建设，通过提升资源利用率，在不增加硬件资源的条件下，实际支撑了 10 套 ERP 系统在云计算环境中运行。此外，ERP 开发系统在传统环境下服务器 CPU 利用率为 30% 左右，在云计算环境下，服务器 CPU 利用率可达到 80%，甚至更高，资源利用率提升近 3 倍。云计算环境 CPU 利用率对比如图 7–9 所示。

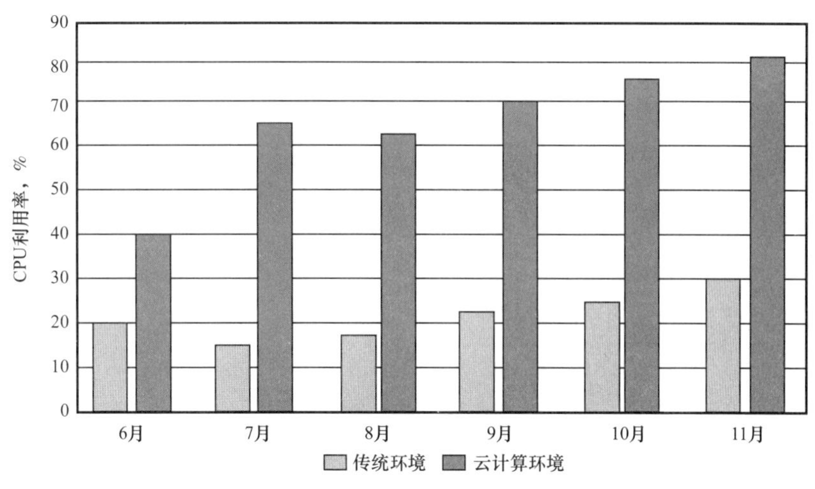

图 7-9　云计算环境 CPU 利用率对比

7.6.3　盘活容灾资源

结合企业数据中心布局，合理部署生产系统，在确保容灾保护的同时充分盘活容灾资源，节约信息系统建设成本。

每个数据中心同时部署生产资源和容灾资源，日常运行时将容灾资源调度给生产系统使用，盘活容灾系统日常闲置资源，提升容灾资源利用率，降低容灾环境建设成本。云计算环境下容灾系统部署方案如图 7-10 所示。

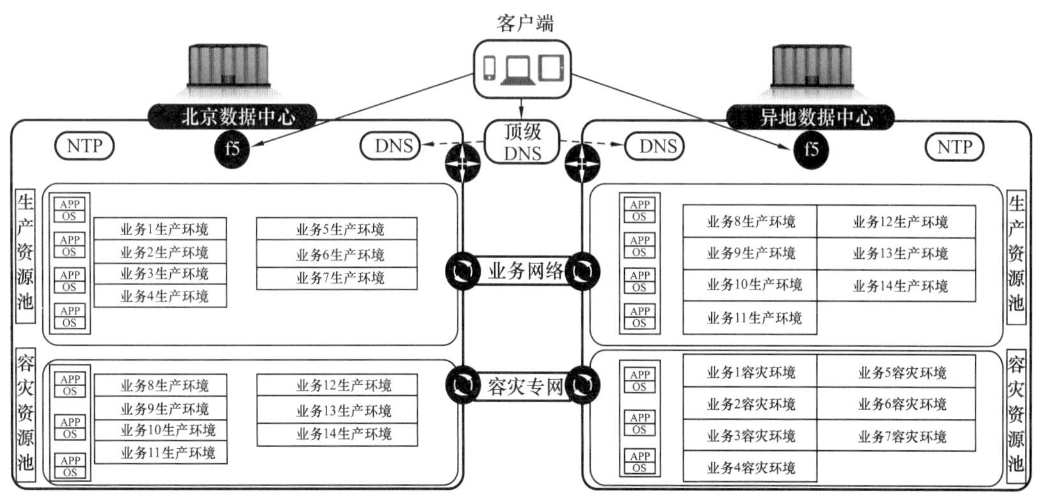

图 7-10　云计算环境下容灾系统部署方案

在发生灾难事件时及时释放资源给容灾系统使用，确保对应用系统的保护，同时降低单数据中心故障对生产系统的影响。

优化容灾技术架构设计，容灾切换操作时间缩短 40%。

7.6.4 信息系统高效稳定运行

以某企业 ERP 应用集成项目为例，企业核心 ERP 系统前台平均响应时间缩短 30% 以上；如人力资源管理系统的薪酬模块、“员工工资报表”、“机构规格统计表”查询等系统关键业务性能得到了 10 倍以上的提升，大大改善了用户体验；云化实施后，前台平均响应时间由 3s 下降至 1s，缩短 60%；后台平均响应时间由 10s 下降至 6s，缩短 40%；对关键业务处理效率提升 2～10 倍。图 7–11 给出了某企业工程技术 ERP 云化迁移上线后，前台响应时间大幅下降，ERP 云化迁移前后响应时间对比如图 7–11 所示。

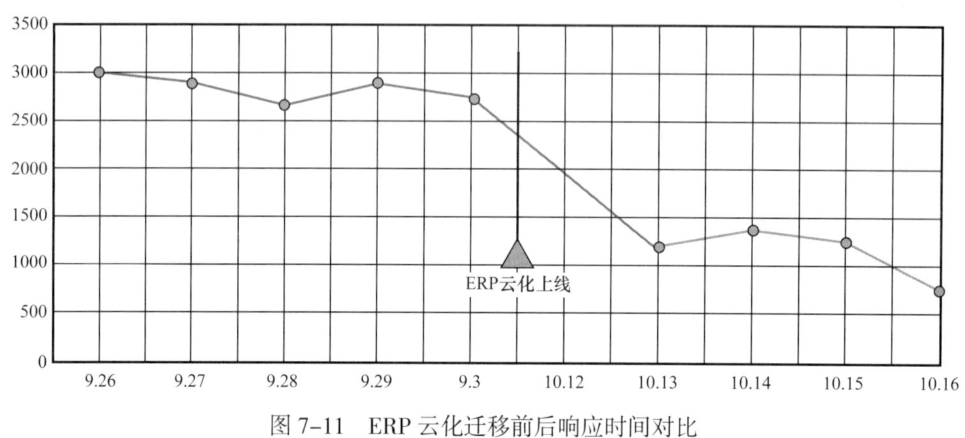

图 7–11 ERP 云化迁移前后响应时间对比

关键业务响应时间也明显缩短，云化迁移前后关键业务响应时间见表 7–2。

表 7–2 工程技术 ERP 云化迁移后关键业务响应时间对比

测试业务含义	生产环境运行时间对比		提升倍数
	切换前（s）	切换后（s）	
主要材料采购、消耗和库存情况表查询	1435.40	247.08	5.81
库存无发出动态物资统计表（物资供应中心）查询	381.85	134.55	2.84
材料暂估明细汇总表查询	223.92	84.49	2.65
库存物资收发存明细表查询	206.92	26.43	7.83
六十大类器材资金统计表查询	197.35	134.34	1.47

7.6.5 系统可用性和服务水平大幅提高

云计算环境的服务化供给资源的方式推动了信息系统运维方式、制度的变化与提升。云计算管理平台及机构能够实时监控硬件资源核心指标，服务器监控核心指标示例见表 7–3。

表 7-3 服务器监控核心指标示例

编号	KPI_ID	KPI 名称	KPI 描述
1	PH-01-01	主机状态（启动 / 停止）	监控主机运行的启动、停止状态
2	PH-01-02	系统关键进程或服务	系统关键进程或服务（用户指定）的运行状态
3	PH-01-03	日志监控	监控 OS 系统或者应用程序的日志是否存在报错信息
4	PH-01-04	AIX 系统状态	监控 AIX 系统上 errpt 命令的输出结果
5	PH-01-05	Cluster 状态	监控 Cluster 的状态
6	PH-02-01	CPU 利用率	CPU 总体利用率，用户 CPU 时间百分比和系统 CPU 时间百分比的总的平均值
7	PH-02-02	内存利用率	主机内存使用量与内存总量的比值
8	PH-02-03	磁盘传输速率	在磁盘上读取 / 写入操作速率
9	PH-02-04	文件系统利用率	监控文件系统指定目录（用户指定重要目录或盘符）已使用的空间与总空间的比值
10	PH-02-05	交换区 SWAP 的利用率	已使用的占总的 SWAP 空间的比率

云计算管理平台和机构能够实时监控软件资源状态，应用软件监控核心指标示例见表 7-4。

表 7-4 部分应用软件监控核心指标示例

编号	KPI_ID	KPI 名称	KPI 描述
1	PA2-02-01	平均响应时间	平均时间
2	PA2-02-02	平均客户端响应时间	客户端平均时间
3	PA2-02-03	平均服务器端响应时间	服务器端平均时间
4	PA2-02-04	平均网络端响应时间	网络端平均时间
5	PA2-02-05	失败的请求数	失败的请求数
6	PA2-02-06	成功的请求数	成功的请求数
7	PA2-02-07	总的请求数	总的请求数
8	PA2-02-08	失败回放的百分比	失败回放的百分比
9	PA2-02-09	成功回放的百分比	成功回放的百分比
10	PA2-02-10	缓慢回放的百分比	回放回放的百分比
11	PA2-02-11	403 错误数	出现的 403 错误的请求数
12	PA2-02-12	404 错误数	出现的 404 错误的请求数
13	PA2-02-13	500 错误数	出现的 500 错误的请求数

此外，利用云计算特性可以便捷实现信息系统在线迁移，显著减少了由于硬件检修维护、场地因素所导致的信息系统停机，提升用户体验，保障了信息系统的可用性。

7.6.6 提升信息系统建设效率，缩短建设周期

云计算环境采用资源池统一建设的新型信息化系统建设模式，并利用虚拟化模板、存储管理平台等一系列技术手段，大幅缩短了信息系统建设周期，能够快速为各应用系统供给软件、硬件环境，实现了应用系统的快速部署，主要体现在以下两个方面：

（1）设备采购。在传统信息系统建设模式下，每套应用系统所需的设备都需要自行采购，需要完成可研、设备选型、招标、合同、到货验收等多个阶段工作。所导致的问题包括采购设备不标准、难以做到与其他信息系统共享、采购规模小不利于价格谈判等；整个设备采购周期很长，至少需要 2～3 个月的时间。而在云计算环境下，将会根据资源池的使用情况和未来信息化整体规划定期进行资源池扩容扩建。应用系统在需要资源时直接申请即可完成，无需额外时间。同时，云计算环境统一采购扩容的方式可以保障采购设备标准，大批量集采也有利于获得优惠价格。

（2）搭建集成环境。企业信息系统建设中搭建集成环境一般包括三部分内容：设备到货上架和机房场地实施、操作系统和应用系统安装、存储挂载。对于设备到货上架和机房场地实施，传统信息系统建设模式下各应用系统需要自行完成，一般来说一套中等规模的应用系统场地实施工作需要 2～3 周的时间；而在云计算环境下，由于在资源池建设过程中对此部分工作统一进行了专业化实施，不再需要各应用系统技术团队自己完成。对于操作系统和应用系统的规划和安装，传统模式下一般需要 1 周左右的时间；而在云计算环境下，通过预制操作系统模板、集中分发的方式，可以在 2～3h 内完成。存储挂载，在传统方式下是一项复杂而又容易出现错误的工作，实施周期往往需要 2 周以上的时间；而在企业云计算环境下，可以通过存储管理平台和存储资源池统一进行自动化存储资源分配，在确保高效、准确的同时，实施周期可以缩短至 2h 以内。

7.6.7 提高运行维护效率和专业化水平

云计算对软硬件资源集中管控及标准化的建设，为信息系统统一运维创造了条件。统一运维将提升信息系统运维工作的效率和质量，减少对运维人员的需求。各应用信息系统项目团队不需要再关注底层技术架构的建设和细节，有更多时间致力于应用信息系统业务价值的实现。

7.6.8 安全自主可控

UNIX 小型机多属于封闭式技术架构，X86 服务器为开放技术架构，在技术上可以实现自主可控，进而极大地提升了信息系统安全水平。

7.7 小结

云计算作为对网络资源、计算资源和存储资源统一调度的新技术，对于提高软硬件资源共享水平，加快资源统一调度和系统部署等方面具有重要意义。本章对企业云计算平台建设进行中的云计算平台规划设计、整体架构、资源池建设、云管理平台建设及云计算安全等关键领域进行了论述，对企业云计算平台创造的商业价值进行了分析。

8 企业信息系统管理平台

随着企业信息化建设的不断发展和深入，企业的信息技术结构也变得越来越庞大和复杂，信息系统管理盲点增多，潜在的风险加大。科学管理信息系统中的大量基础设施，提高信息系统的可用性，降低信息系统运行维护工作的人力、物力成本，提高管理与运行维护信息的共享程度，这些都是企业在信息化建设过程中亟待解决的问题。针对上述问题，企业信息系统管理平台提供了有效建设方案。

8.1 架构设计

企业信息系统管理平台运用监控管理等关键技术，整合网络、主机、数据库、中间件和业务应用系统的监控和运行维护，提高信息系统的可靠性。通过建立统一的企业信息系统运行维护流程平台和行之有效的运行维护流程体系，提升运行维护效率，对基础设施的规划提供第一手信息和采用更好的系统支持策略，对业务应用系统提供适合的监控手段和电子化运行维护流程，保证整个信息系统的正常运行。企业信息系统管理平台的总体建设目标是建立基础设施、应用系统、信息安全等一体化的信息技术运行维护管理系统与体系，进行端到端的运行维护管理，实现数据中心标准化、可控制和安全可靠的运行维护规范；提高运行维护效率，达到提高数据中心可用性、优化服务质量的目的。

8.1.1 架构设计原则

为了保障企业信息系统管理平台稳定、高效和灵活的运行，在进行总体设计时，遵循如下原则。

8.1.1.1 先进性

参考全球信息技术管理业界公认的指导性基础架构库（Information Technical Infrastructure Library，ITIL）、国际标准化组织（International Organization for Standardization，ISO）的《信息安全管理体系要求》（ISO 27001）、信息及相关技术的控制目标（Control Objectives for Information and related Technology，COBIT）等管理体系，采用先进的规范化信息技术管理模式，规范运行维护管理和操作，建设先进的信息系统运行维护体系。

8.1.1.2 实用性

企业信息系统管理平台的建设要依据企业对信息系统维护的实际需求，与实际情况和具体管理工作紧密结合，制订合理的实施路线，逐步推进运行维护体系的建设，保障能够达到降低信息系统运行维护成本，提高服务质量，增加经济效益的目的。

8.1.1.3 易用性

为管理人员提供直观、易用的使用界面和策略定义工具。不仅各种功能模块操作方式一致、操作维护简单、管理界面友好，而且可以提供丰富的图形界面，通过这些图形界面，用户能够完成日常的运行维护监控。对告警信息进行合并、过滤和定制，并提供初步的故障分析手段。

8.1.1.4 高效性

提供统一的自动化操作平台，可以批量对数据中心的网络设备、主机设备和存储设备进行自动化的管理，大大提高设备管理效率。例如批量安装补丁程序，批量备份网络设备的配置文件，自动执行预定义的运行维护作业等。

8.1.1.5 扩展性

为了保护投资，管理软件需要具有很好的开放性和对标准的支持能力，支持各种主流平台、数据库和中间件等。同时，产品应采用模块化设计，有良好的可扩展性和可伸缩性，便于今后的扩展和分步实施，并配合信息技术管理功能的扩展与深入，保护已有的投资。

8.1.1.6 规范性

统一标准和规范是建设集中管理平台的基本要求，平台将集中监控管理系统与其他应用系统之间应采用开放的接口标准，便于信息交换、信息共享和业务协同。

8.1.2 运行维护管理体系设计

建立稳定高效的运行维护管理体系，需要结合信息化发展规划与信息系统结构现状，搭建以服务为导向的一体化企业信息系统管理平台，确保信息技术管理部门能够根据业务部门提出的要求来协调信息技术资源和交付相应的信息技术服务，使繁杂的信息技术管理和运行维护变得标准有序，从被动式服务向主动为业务部门提供支持服务转变，有效提升信息技术服务运作效率。

企业信息系统管理平台的管理对象范围非常广，相关各方对系统运行管理要求不一致。为了合理地利用好有限的人力、物力资源，企业信息系统管理平台在设计流程和调度人员时要体现分级管理思想，把运行管理的对象划分为不同的级别，并配置不同的资源。重点实现以下目标：

（1）集中高效的管控体系。管理上实现“统一指挥”，建立全网范围的统一信息运行维护组织体系和指挥体系，通过专业管理改变下属各级单位信息系统运行维护队伍各自为政的现状。技术上实现“统一监控”，对管理对象包括网络主机、主机、数据库、中间件等的关键运行指标进行集中统一的监控。运行维护方式上实现由分散管理逐步向集中管理的转变，建立统一的技术支持中心，集中管理，统一维护，对企业信息系统管理平台工作范围内的业务系统所涉及的各种问题进行技术支持和服务。运行维护服务上实现由事后处理向预防性维护的转变，建立标准服务管理流程，使信息系统运行维护服务实现由事后处理向预防性维护的根本转变，由事后被动维修向主动监测、合理安排维护工作转变，尽量减少运行维护工作对公司业务开展的影响。

（2）实现人工与技术工具相结合。工具的选择上，突出标准化和集成化，同时也必须注意描述清楚人工操作或暂时由人工操作的流程，并在资源分配上予以保证。

8.1.3 管理制度完善

明确运行维护分工。从运行维护流程上明确各级运行维护部门的责任分工。

加强考核监督机制。在建立考核指标体系基础上，对运行维护管理部门和运行维护作业部门进行考核。结合同行业对标体系，建立全网统一的运行考核评价指标体系，考核范围包括企业各级运行维护部门。建立统一的考核量化标准，对信息技术运行维护的各个环节进行考核，包括对安全管理、网络运行管理、数据备份管理、网络值班制度、应急预案制度、运行维护负责人及岗位人员业务素质等内容的考核。

8.1.4 管理工具分类

信息技术运行维护管理工具大致分为四个部分，包括业务服务监控管理、自动化操作配置管理、信息技术服务流程管理和统一管理信息数据库。

8.1.4.1 业务服务监控管理

建立监控管理中心可以管理企业网中复杂的计算环境，更重要的是帮助用户从业务管理的角度管理信息技术环境。如在管理过程中，构造与业务相关的观察视图或报告，帮助分析计算机资源的使用情况，及时反映影响业务正常运行的故障，提供面向业务管理的解决方案。

企业信息系统管理平台，就是将企业的信息技术资源管理按照特定业务划分开来，企业信息技术管理员只需管理影响每一项业务处理的信息资源，其中可以包括业务所在的主机系统资源，业务所牵涉的网络设备，业务使用的数据库系统、打印机，业务应用系统，以及该业务所依赖的其他应用系统等。

与某个业务相关联的系统资源（如软件、硬件和进程状态）信息按逻辑关系清晰地展现到一个视图中，这样，一旦发生问题，管理人员仅需处理那些影响业务流程的信息技术资源，将这些信息技术资源的各种信息加以合并、分析和利用，能够在第一时间将问题定位。

8.1.4.2 自动化操作配置管理

人工配置作业，费时费力且难以处理复杂设备管理，容易造成安全隐患和宕机。采用自动配置和软件变更，可使网络系统运行获得稳定性、可维护性和安全性。

8.1.4.3 信息技术服务流程管理

目前主流信息技术运行维护管理工具都是基于ITIL理念和框架，内置一些信息技术运行维护管理的最佳实践，支持服务台、事件管理、问题管理、变更管理、服务请求管理、配置管理、服务级别管理、服务目录、定期维护和知识库等各种流程和业务的管理，同时还具备强大的集成能力，能与企业现有的一些信息系统进行集成，如邮件系统、即时通信系统、轻量目录访问（Lightweight Directory Access Protocol，LDAP）和一些业务系统。

8.1.4.4 统一管理信息数据库

统一管理信息数据库被所有的服务管理功能组件使用，包括业务服务监控管理平台、信息技术服务流程管理平台、自动化操作配置管理平台。配置数据库保存当前的和历史的配置数据；并定义和维护属性以便实时追踪配置信息的属性。同时需要通过相配套的变更管理流程，确保数据库的信息准确。具体通过联邦、调整、同步、映射和可视化实现。

8.1.5 功能架构

企业信息系统管理平台按照功能模块可分为6个部分，包括集中监控管理、操作控制管理、统一配置管理数据库、服务流程管理、协同调度管理和综合管理门户。企业信息系统管理平台功能架构如图8-1所示。

8.1.5.1 集中监控管理

集中监控系统实现对网络、服务器、存储、数据库、中间件和应用系统可用性的整体监控。采集和集成各类告警、性能和配置数据，通过数据的整合与分析，快速定位故障。同时，通过直观、多维、综合的业务视图，实时展现信息技术基础设施和应用系统的运行状态。

集中监控系统分为集中采集子系统和集中处理子系统。其中集中采集子系统是实现企业信息系统监管控的基础，通过各类代理技术，简单网络管理协议（Simple Network

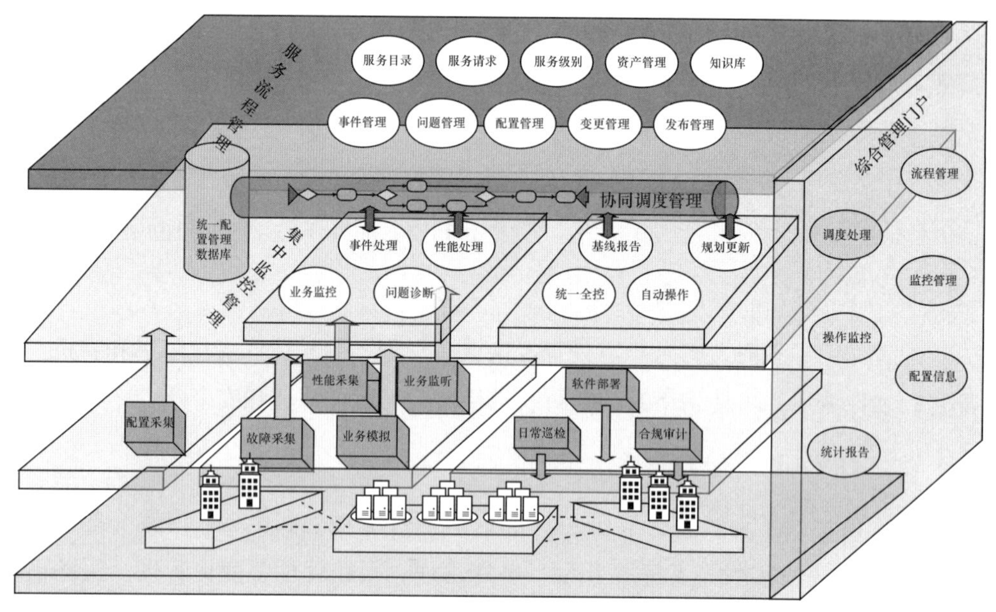

图 8-1　企业信息系统管理平台功能架构

Management Protocol，SNMP）、通用管理信息协议（Common Management Information Protocol，CMIP）等网络标准协议技术和系统日志（Syslog）采集等技术，用实时取得或轮询方式收集信息技术基础架构中网络、服务器、存储、数据库、中间件及应用程序等相关的告警、性能和配置数据，并将数据传送到数据汇聚层进行分析。对于具体的数据采集方式主要有代理和无代理两种方式。

集中处理子系统对实时上传来的海量数据进行分类、压缩、过滤、标准化和事件关联等处理，生成关键事件。并将所集成的告警数据和性能数据传送给综合展现平台进行监控视图展示，性能数据则提供给综合展现平台做性能展示和性能报表使用。在上传数据的同时，将故障告警信息通过声光电、短信、电子邮件等手段进行告警。

8.1.5.2　服务流程管理

服务流程管理系统基于信息技术服务管理最佳实践，通过一系列典型流程的方式把信息技术运行维护管理内容进行合理划分和管理，并将这些流程电子化实现。包含事件、问题、配置、变更、发布、服务级别和知识管理等流程模块，形成一整套统一、集成的工作流，以实现信息技术运行维护的规范化、流程化和电子化。

8.1.5.3　统一配置管理数据库

配置管理数据库（Configuration Management Database，CMDB），是 ITIL 中最重要、最核心的概念之一。在信息技术服务实施过程中涉及的所有元素，都被称为配置项（Configuration Item，CI），如软件、硬件和各种文档、变更请求、服务、服务器、网络设备、链路、应用系统、协议和外购的电信服务等。CMDB 就是所有 CI 信息和 CI 之间关系的集合和存储。

统一的 CMDB 提供对所有信息技术资源的自动发现和自动服务关系映射，通过资源项的状态检查来检验计划中的变更是否正确完成，审计发现未经批准的非法变更。同时，统一的配置信息库不仅仅是信息资产的管理库，而且需要 CMDB 中的数据能够支撑信息技术管理中的关键业务流程。并在将来可以作为网络管理、系统和应用管理、业务服务管理、信息技术运行维护流程管理和其他信息技术管理的核心数据库。其外层提供与其他管理系统的数据接口，以集成、联邦或调和的方式来进行不同系统间数据的整合，对外共同提供一个统一信息管理库的接口。

CMDB 与服务流程管理系统紧密关联，为服务流程的运转提供全面准确的配置数据。当运行维护人员在处理事件时，可在 CMDB 中查询故障设备的配置信息，快速定位故障原因。在实施变更时，可通过 CMDB 中的配置项关联模型，对变更影响提前评估，降低变更风险。通过服务流程管理系统中的配置、变更服务流程规范配置项变更，保证 CMDB 配置数据的准确性。

8.1.6 技术架构

技术架构包括数据采集分析处理层、协同调度层、应用展示层，企业信息系统管理平台技术架构如图 8–2 所示。

8.1.6.1 数据采集分析处理层

数据采集分析处理层是所有信息技术资源对象根据管理策略，对运行状态情况（KPI）、资源配置数据、资产数据、安全数据等进行采集和分析处理，并将数据进行转发和存储。数据采集分析处理层对信息技术基础设施的监控范畴主要包括网络监控、主机监控、数据库监控、中间件监控和通用应用监控等，在此基础上，进行事件、故障报警的采集及分析，以及对信息系统软硬件主要指标的采集及分析。为协同调度层提供服务与支撑，是构建协同调度层的先决条件与基础。其目标是从多角度采集公司信息化应用的运行数据，通过分析处理评估运行的状态和质量，发现故障和潜在问题并发出告警，保障公司信息系统的持续稳定运行。配置数据采集是对于信息技术资源对象的配置情况进行主动的采集，为配置管理流程、资产管理提供数据，建立基线。通过数据的比对或者审计，发现配置变动。

8.1.6.2 协同调度层

数据采集分析处理层把分析完的数据上传到运行维护流程，运行维护流程进行派单和处理，并提供资产、知识库和文档管理。

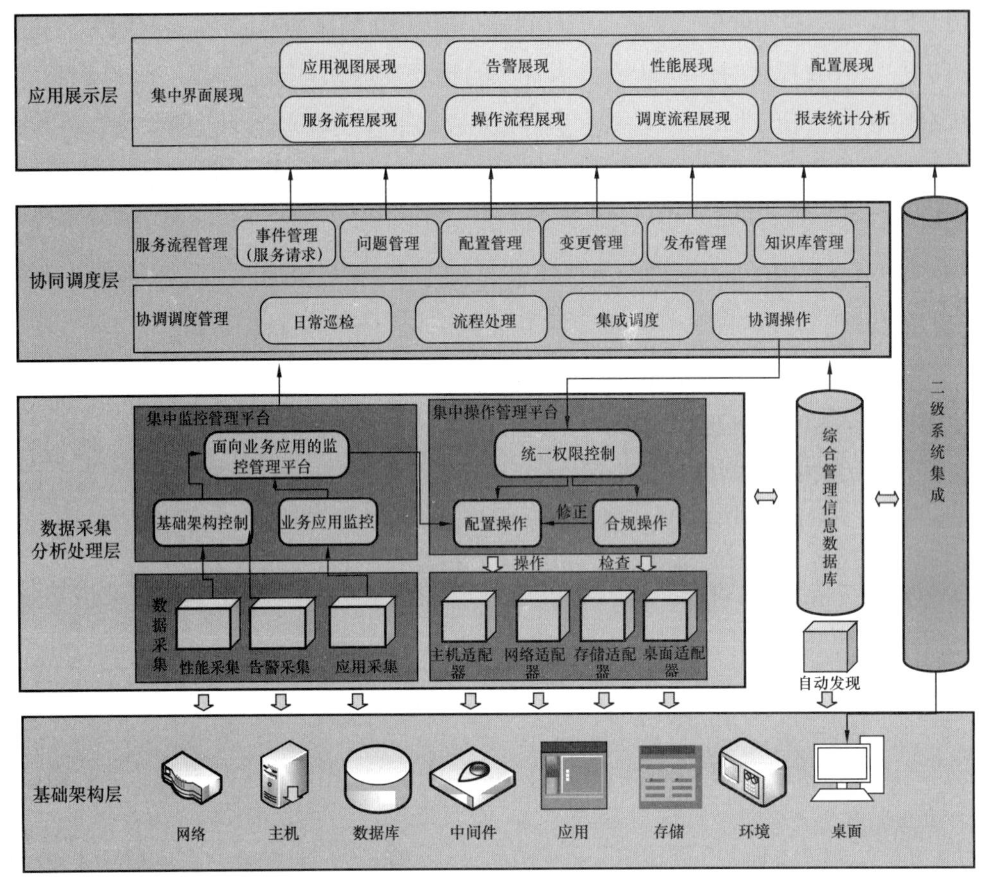

图 8–2　企业信息系统管理平台技术架构

8.1.6.3　应用展示层

统一的应用、管理与展示界面，建立在统一的图形平台上。

8.1.6.4　统一信息库

统一管理信息库是整个平台的核心数据结构和存储，为其他应用、展示模块通过数据总线接口提供统一、完整、准确的数据。

8.2　网络系统集中监控

计算机网络是一个由通信基础设施组成的系统，利用各种通信手段，把地理上分散的网络区域连在一起，达到相互通信的目的。随着计算机网络的发展，网络之间的互联方式日趋复杂，在大型企业中，建设网络的管理和运行维护体系是一项系统性工作，并且随着企业网络发展规模的不断扩大，异构程度越来越高，管理的复杂性不断增加，需要更为全面的、规范化的、适用于大型企业的网络管理解决方案。

8.2.1 功能架构

在大型企业当中，建设开放、具有良好扩展性的网络管理系统是满足企业网络管理需求的重要手段。通过网络监控系统的建设，将企业中各业务系统所覆盖的网络设备均纳入管理系统中，消除管理对象之间的差别，消除管理软件的差别，对各种不同来源的信息进行统一处理、统一展现、统一权限控制。在具有良好管理能力的同时应具有良好的可扩展性，不仅可以满足建设阶段企业网络管理的需要，未来随着企业业务的不断发展、网络管理需求的不断增加，网络管理系统也能够更好地满足企业需求。

随着网络底层技术的标准化和基于网络应用的不断丰富和增多，网络管理的方向越来越侧重于对系统的应用管理；网管软件对网络规划的决策支持能力将越来越重要，逐渐成为安全和故障以外最重要的功能。网络系统集中监控功能包括网络性能监控、数据汇聚分析、综合运行展现。

8.2.2 网络性能监控

网络性能监控面向网络综合监控，为网络管理员提供相应的技术工具，实现对网络拓扑、性能、告警指标的采集、处理和呈现。

8.2.2.1 性能采集与网络监控

网络管理系统基础数据的主要来源是针对网络设备的数据采集，也是网络性能监控的核心功能，系统根据采集的策略，定期轮询各类网络、安全设备，采集相应的性能指标，及时发现可能会导致网络运行质量出现明显下降的情况及故障隐患，并通过告警阈值设置主动预警网络隐患。根据网络监控对象不同，网络性能可分为网络设备性能、重要网络链路性能、网络协议性能等。网络性能的主要指标包括网络设备的 CPU 利用率、内存利用率、硬件运转情况、防火墙连接数、负载均衡设备流量、重要链路流量、重要链路通断、重要链路带宽利用率、重要链路丢包率、重要链路错包率、DNS 监测、TCP 端口监测、网络协议的运行指标等。

8.2.2.2 网络故障分析

网络故障分析实现对网络告警事件的监测和定位，实时采集故障信息，实时发现那些可能导致网络运行不正常的事件，准确预警和定位网络中的故障。网络故障事件可分为网络设备故障事件、网络协议故障事件等。

网络设备故障事件包括网络设备出现物理宕机（如停电、自然灾害等）、逻辑宕机（如操作宕机等）、网络设备硬件故障等事件。网络协议故障事件包括网络协议运行过程中产生的运行故障，如 OSPF 协议运行无法到达 FULL 状态等，从而可能导致网络运行不正常的事件。

8.2.2.3 网络配置管理

网络设备具有较高的操作复杂性，管理人员无法对操作过程进行有效的事前控制、事中监督和事后审计。网络配置管理功能可实现对网络设备的配置信息的监测和维护，实现集中操作和设备授权、设备信息修改、设备数据传输的操作与审计功能，提高对网络配置管控，降低网络设备误操作引起的网络故障，减少误操作的可能性，及时发现并告警异常的配置变更事件；提供网络设备面板库，通过丰富的面板库和设备面板的编辑能力，实现网络设备管理的可视化监控和操作；提供配置文件的自动备份能力，支持配置文件的跟踪比对，实现对网络配置文件的统一归档管理。对不同批次采集到的配置文件数据，系统应能够自动判断其是否出现变更，并在发现异常时生成配置变更告警。

8.2.2.4 网络流量分析

网络流量分析借助多种协议方式，对网络中的协议流量进行分布式采集与分析，以细颗粒度展示网络流量的构成，从而帮助用户诊断网络流量问题，分析网络流量行为，为进一步优化网络提供参考依据。

流量采集通过采集探针来实现，探针提供端口镜像、Flow 流量等多种流量采集方式，满足网络流量协议分析的需要，提供流量协议接入的扩展能力。可通过插件扩展采集探针的接入能力，在保障流量数据来源稳定的基础上，支持流量的实时分析、数据过滤、流向分析、层次分析和协议分析等功能，实时掌握网络中流量去向与动态分配情况。通过对流量的分析，对流量进行各维度的评估，最终将分析结果通过系统以视图、报表和通知的方式进行呈现。

8.2.3 数据汇聚分析

数据汇聚是网络管理系统的数据核心体系，是实现系统集成性和可扩展性的关键方式。数据汇聚分析包括基础数据管理、事件管理、配置自动化管理等功能，实现对网络中各类性能指标、告警事件和配置数据信息的收集管理。

8.2.3.1 基础数据管理

提供对各类监控数据的集中分析和处理，系统通过标准的汇聚接口体系收集网络数据，根据管理需求将各类原始性能数据进行规整，通过分析判断可触发阈值事件，最终数据写入数据库存档，并进行统一的格式化转化和归一化处理。

8.2.3.2 事件管理平台

事件管理平台对各类告警事件提供接收、识别、标准化、过滤、压缩、归并、丰富和关联等功能，实现对网络事件的管理，并可通过接口与服务流程系统衔接，进行工单派发集成。

8.2.3.3 配置与资产管理

自动化收集网络资产配置项是建立精准的网络资产库的关键过程。通过数据汇聚接口自动收集来自各类监控系统的网络资产配置类数据，经过调和策略，将异构的数据来源信息进行归一化，避免冲突、重复与丢失。自动收集的网络资产配置数据写入网络资产库的“变更区”。

8.2.4 综合运行展现

综合运行展现提供面向运行维护的门户视图展现、单点登录服务、细颗粒权限管理，同时提供与第三方系统和监控工具的业务整合能力，最终将各个业务模块的界面整合并统一呈现，形成网络运行维护工作的统一入口。主要功能包括实时性能监控视图、告警监控视图、拓扑全景展现视图和综合报表等。

8.2.4.1 实时性能监控视图

实时性能监控视图面向技术人员，提供各类管理对象的关键性能指标呈现，信息基于最新采集的实时设备性能指标，为技术人员跟踪和判断问题提供帮助。

8.2.4.2 告警监控视图

依托于统一事件平台处理结果，告警监控视图是运行维护人员日常监控、处理各类告警的集中化操作窗口。告警监控视图提供灵活的告警导航功能，按 IP 段、告警类型、告警等级和处理部门等维度为定义告警分组，并呈现各分组的告警级别和数量。

8.2.4.3 拓扑全景展现视图

拓扑全景展现视图依托于数据汇聚层的数据源，以图形化的方式为用户提供一个直观、高效的全景可视化展现能力，具备随需设计、直观呈现和实时响应的特点。

8.2.4.4 综合报表

通过报表系统实现对网络性能指标进行统计与分析功能，内置各种维度的性能统计报表和告警统计报表，形成告警类型统计、告警数量排名、告警级别统计、告警处理时间统计、告警资源排名等多种报表，支持趋势、排名、饼图等统计方式，并可通过报表设计工具增加自定义告警报表等功能。

8.2.5 建设方式

网络管理软件的体系架构呈现分布式、集中式和集中分布式等多种结构并存形式，分别适应不同规模网络的管理需求，包括智能模拟、故障自动诊断和排除等人工智能技术将越来越多地应用到网管软件中。针对大型企业的成员企业较多、网络规模较大、分布较广等特点，宜采用分布式的部署结构，通过上下级连、分层式的部署方式实现“总部—成员企业”网络的分布式监控、集中化管理，保障全业务范围成员企业网络和总部网络系统的完好。采取多层结构部署，所有管理信息、事件分层级上报和汇总，可有效降低大型网络中大量网管数据对网络性能的影响；针对不同规模网络的管理，只需要简单地水平扩展采集器数量或者垂直扩展管理平台层级，即可平滑适应。

8.2.6 远景规划

近年来，企业信息化网络监管一直都在应对各种挑战，在考虑大型企业的网络管理时一定要将网络发展的趋势、运行维护管理的挑战考虑进去，才能够有效地对企业网络监管的未来进行规划。近十年迅速发展的虚拟化技术已经延伸至网络层面，网络虚拟化（NV）技术已经被应用。与此同时为了应对大数据时代的到来，网络规模必然呈几何倍数的增长，如何有效、快速地对网络资源进行控制和调整就成为现阶段十分重要的议题之一。目前想到将逻辑控制与数据转发进行分离，在控制层面增加网络的可编程性，形成软件定义网络（SDN）的新型网络模型。在未来几年的规划中，网络虚拟化与软件定义网络将会成为企业网络管理的挑战与机遇。未来软件定义网络技术的深入应用能够有效应对大数据时代的到来，而这种“有效”应对却是以未来网络管理软件的智能化、分组化为基础的。在未来大型企业的信息化过程中，网络管理部门、人员应该对网络管理的技术手段、管理模式进行深入的规划，以应对挑战的到来。

8.3 信息系统运行维护服务管理

企业信息系统运行维护服务管理体系架构由运行维护管理核心体系和辅助体系两部分组成，覆盖了技术、信息、制度、组织和流程等 5 个领域。在企业信息系统管理平台中，该运行维护体系架构涵盖了 6 类基础设施、7 个服务管理流程和 4 个子系统的建设，运行维护服务管理体系架构如图 8–3 所示。

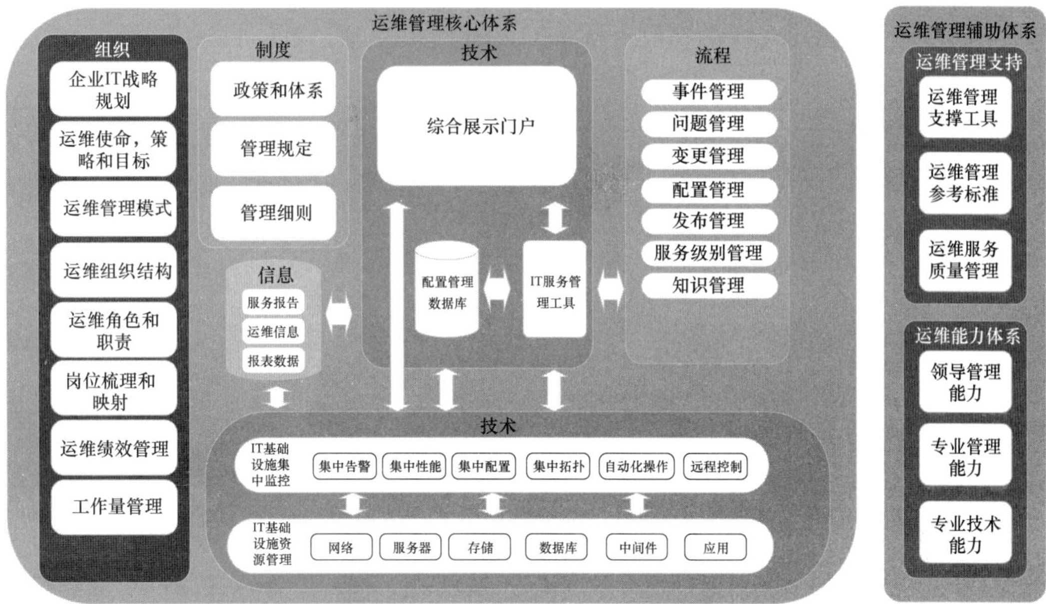

图 8-3　运行维护服务管理体系架构

8.3.1　核心体系

8.3.1.1　技术

涵盖了底层基础设施资源管理一直到最终的门户展现。内容包括信息技术服务管理系统、覆盖六类基础设施的监控管理子系统、CMDB 管理子系统和综合门户展现子系统的建设。

8.3.1.2　信息

信息管理的含义是广泛的，这里既包括了运行维护工作过程中的各类信息，也包括将这些信息进行处理之后得到的运行维护报表和服务报告。

8.3.1.3　制度

基于企业自身的管理要求、知识和经验，把运行维护服务管理工作中“可执行”的信息技术管理要求提炼出来，作为政策规定和操作细则，要求所有信息系统管理人员必须共同遵守执行。

8.3.1.4　组织

运行维护管理架构应该反映企业架构关注的重点和发展的方向，运行维护管理体系的设计是在了解企业发展愿景的前提下，进行运行维护管理工作的使命分解，从而形成运行维护管理工作的开展策略，并达到其预定的目标。此外，组织人员、运行维护管理模式、运行维护组织结构、角色/职责和岗位的定义，也都对运行维护工作的开展起着举足轻重的作用。当企业运行维护管理成熟度发展到一定阶段后，不同技术支持中心、内部支持单位之间的协同工作能力会成为促进或制约企业运行维护管理能力的重要因素，因此在合适的阶段，需要对这两个方面的关注度提到议事日程上来。

8.3.1.5 流程

执行运行维护管理活动的信息技术服务管理流程包括了 ITIL 第三版（ITILV3）服务生命周期中所定义的流程，具体包括事件（含服务台）、问题、变更、配置、发布、服务级别和知识管理等 7 个流程。

8.3.2 辅助体系

（1）运行维护管理支持。参考国内外最佳实践和运行维护标准、利用适当的运行维护工具辅助进行管理、遵从计划（plan）–执行（do）–检查（check）–行动（Action）（首字母缩写为 PDCA）持续改进过程进行质量管理，可以使运行维护管理工作达到事半功倍的效果。

（2）运行维护能力体系。运行维护能力体系建设是不能忽略的一个内容，尤其在企业运行维护管理成熟度达到一定高度后，对运行维护管理能力发展的关注和未雨绸缪将影响下一步运行维护管理工作的水平和质量。

8.4 管理体系实现

基于信息技术服务管理最佳实践 ITIL，通过一系列典型流程的方式把信息技术运行维护管理内容进行合理划分和管理，并将这些流程电子化，形成一套统一、集成的工作流程，以实现信息技术运行维护的规范化、流程化和电子化。基于 ITIL 运行维护服务的功能架构如图 8–4 所示。

运行维护服务的流程中包括服务台、事件、问题、配置、变更、发布、服务级别和知识管理等 8 个方面的应用。

服务台是用户和信息技术运行维护人员应用信息系统管理平台的入口，服务台定义与收益见表 8–1。

突发事件管理包括突发事件报告、受理、分析、诊断、解决、确认、关闭和汇报等，突发事件管理定义与收益见表 8–2。

问题管理负责问题的创建、分析、诊断、解决、关闭和汇报等，问题管理定义与收益见表 8–3。

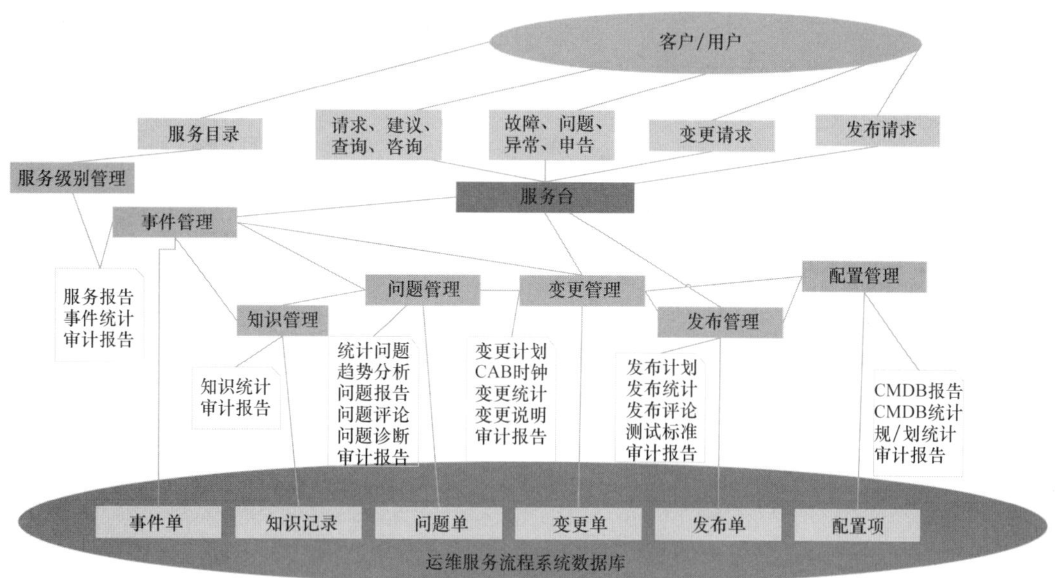

图 8-4　基于 ITIL 运行维护服务的功能架构

表 8-1　服务台定义与收益

定义	收益
服务台从根本上来说是提供给用户和信息技术部门的唯一入口。此项功能常常通过集中的服务台提供服务。服务台主要工作是来处理突发事件和服务请求，并且担当一个变更、问题、配置发布等流程之间的接口	——改善服务质量、客户感受和满意度 ——方便用户使用服务 ——快速地响应客户请求 ——更好地沟通 ——更主动的服务

表 8-2　突发事件管理定义与收益

定义	收益
突发事件是指系统不正常、非常规的运行状态，包括系统故障、服务中断、性能降低、运行异常等。突发事件管理负责突发事件的报告、受理、分析、诊断、解决、确认、关闭和汇报等，目的是尽快恢复被中断或受到影响的信息技术服务，而不在于查找根本原因	——提高服务可用性：不管什么原因，当用户不能使用信息技术提供的信息技术服务的时候（如设备宕机、网络过载等），服务都是被认为不可用的，它影响了用户的生产率。事件管理流程通过保证事件、问题和请求等的快速处理来达到服务可用性的最大化 ——提高客户满意度：事件管理流程通过记录和管理事件的集成系统及一个集中的知识库来提供有效服务。同时，也提供了服务供应者和使用者的沟通渠道，加强了信息技术管理部门和用户之间的双向认同 ——集中化事件数据：通过事件管理流程和系统来统一收集事件数据，这些数据被其他流程所使用，如问题管理流程将分析这些数据以确定事件的根本原因，并确定纠正措施以消除再次发生的可能性

表 8–3　问题管理定义与收益

定义	收益
问题管理负责问题的创建、分析、诊断、解决、关闭和汇报等，以找出问题的根本原因，防止问题重复发生	——提高服务可用性：通过把单个事件的影响最小化和减少事件的总体数量（预防问题），使更多的用户有更多的时间可以使用服务 ——提高服务质量：在解决事件 / 问题时，遵循相关的已知错误记录下来的解决方案或信息可以提高服务质量。同样，潜在的故障消除后，执行的服务也更和客户的服务期望相一致 ——总结经验：问题管理分析历史事件资料以找出可能不被发现的趋势 ——提高信息技术员工的工作效率：问题分析专家所做的工作可以被一线支持人员学习、采纳，从而可以处理更多的事件故障

配置管理负责配置项的录入、状态和属性的调整，配置项的审计、回顾和汇报等，配置管理定义与收益见 8–4。

表 8–4　配置管理定义与收益

定义	收益
配置管理的对象为配置项（CI）。配置项包括服务器、存储、网络设备、外设、机房设备、软件、文档、合同和客户端所有必须控制的组成部分及其相互之间的关系。配置管理负责配置项的录入、状态和属性的调整，配置项的审计、回顾和汇报等，为其他运行维护流程提供必要的信息，保证信息技术环境的完整性和稳定性	——提高环境稳定性：根据及时正确的 CI 信息进行决策可以避免不可预期的宕机；对 CMDB 数据变更需要适当授权，从而加强了安全性并降低了无控制环境变更的危险性 ——提高服务质量：有利于存放和获取已记录下来的客户期望，从而方便比较和改进实际的服务实施 ——降低运营成本：更快、更简化和更彻底地识别 CI 及其属性和关系，从而方便定位组成元素，在使用时减少错误，因此也减少了重复工作 ——提高灵活性：数据可以按任何合理的方式进行分类、汇总和组成报表，从而方便在这些数据上的后续工作

变更管理包括变更的请示受理、评估、批准、测试、实施、回顾和汇报等，变更管理定义与收益见表 8–5。

表 8–5　变更管理定义与收益

定义	收益
变更是指对生产环境中的系统、硬件、软件、文档等要素进行调整、更换和修改等操作。变更管理包括变更的请示受理、评估、批准、测试、实施、回顾和汇报等。变更管理可以降低和消除变更对信息技术环境带来的风险，从而提高信息技术系统的可用性	——减少风险：通过控制和管理变更从而减少变更带给生产环境的风险和负面影响 ——降低成本：通过有效的变更管理，及时解决生产环境发生的问题，提高运行维护的效率，降低维护成本 ——服务灵活性的增强：结构化的变更实施帮助信息技术组织更快和更有效地适应业务需求的改变 ——服务质量的增强：合理的变更影响评估可帮助预防非计划的服务中断，从而提高服务质量

发布管理负责制订发布计划、评估其风险、执行发布测试和上线运行等工作，发布管理定义与收益见表 8–6。

表 8–6　发布管理定义与收益

定义	收益
发布管理流程主要目的是通过足够的控制保证系统发布对于信息技术环境的影响减小到最低，保证发布的应用和系统功能最大化，根据需要应用和系统的特点和需求，制订发布计划，评估其风险，执行发布测试和上线运行，并完成新应用的相关文档审核，培训相关支持人员等	——确保实际运行的软件和硬件是高质量的 ——降低软件和硬件同时出现错误及发布错误版本的风险 ——通过对实施进行测试和控制，降低事故和错误出现的风险 ——使用户更多地参与发布测试，进而使用户的期望与实际发布更加一致 ——确保企业可以进行集中的软件和硬件设计和构建，增强信息技术系统的整体协调性和稳定性 ——降低使用非法软件的风险，进而降低出现事故和问题的风险 ——更易于检测到未经授权的拷贝和错误的版本 ——确保发布过程中软件环境和硬件平台之间结合的紧密性、一致性 ——通过保证在不同地域内时使用一致的软件，节约维护成本 ——降低发布需要的时间，节约发布成本

知识库管理负责知识的提交、审核、入库、更新、维护、审计、汇总和报告等，知识库管理定义与收益见表 8–7。

表 8–7　知识库管理定义与收益

定义	收益
知识是用于解决问题或者管理决策的、经过整理的、易于理解和结构化的信息。知识库管理负责知识的提交、审核、入库、更新、维护、审计、汇总和报告等，以实现运行中心内部的知识共享，从而提高运行维护效率和质量	——确保知识在企业中得到充分的共享，提高工作效率 ——降低信息技术支持成本 ——知识经验的固化 ——提高运行维护响应速度和质量 ——提供信息数据，以备分析统计挖掘

服务级别管理通过供应商与客户之间的协议，规定需要达成的主要目标和责任，以及针对特定客户的服务级别，服务级别管理定义与收益见表 8–8。

表 8–8　服务级别管理定义与收益

定义	收益
服务级别协议 SLA 是信息技术服务提供商与其客户之间的一种书面协议，规定了服务需要达成的主要目标和双方具体的责任。服务级别管理流程根据预先确定的标准服务参数来定义、协商、监测、报告和控制针对特定客户的服务级别	——提升业务部门的满意度：明确客户需求、服务级别和协议；服务级别和成本之间的平衡；确认客户对服务供应商的需求并做文档化记录；通过定期的服务性能回顾体现信息技术的价值 ——提升服务质量：周期性地监测服务级别，并在必要时启动服务提升计划 ——减少运营成本：有效管理业务部门的期望，减少或消除潜在的“过量”服务

8.5 小结

企业信息系统管理平台实际上是管理信息系统的信息技术工具。本章介绍了企业信息系统管理平台的架构设计，包括功能架构和技术架构。对网络系统集中监控、系统运行维护服务管理和ITIL管理体系进行了论述。

9 企业信息技术基础设施标准和规范

信息技术标准化是推广和普及信息技术的前提，是信息系统高效率运行的保证。通过信息技术标准化，能够有效地开发和利用信息资源，确保各信息系统间的互联、互通和互操作，提高信息系统的安全性与可靠性。企业信息技术基础设施标准和规范有三个重要组成方面：基础设施标准体系、网络运行维护管理标准和数据中心运行维护管理标准。

9.1 基础设施标准体系

9.1.1 概述

标准化是“为了既定范围内获得最佳秩序，促进共同效益，对现实问题或潜在问题确立共同使用和重复使用的条款以及编制、发布和应用文件的活动”［见《标准化工作指南 第1部分：标准化和相关活动的通用词汇》(GB/T 20000.1—2014)］。标准化是指制定标准、实施标准的一系列“活动”，如标准的制定，包括依据标准所进行的培训、检验检测、认证、监督抽查等。简单来说，标准化是有目的的制定、发布和实施标准的活动。而标准是为了在一定范围内获得最佳秩序，经协商一致制定并由公认机构批准，共同使用的和重复使用的一种规范性文件，可以说，标准是规范性“文件”。

信息技术标准化是围绕信息技术开发、信息产品的研制和信息系统建设、运行与管理而开展的一系列标准化工作。从标准化方面看，信息技术标准化包括各种信息技术标准的制定、宣贯、实施、复审和修订等环节；从信息技术方面看，信息技术标准化包括信息的产生、识别、采集、分类编码、存储、处理、传输、交换、显示和打印等环节。

基础设施标准编制的目标是：结合企业信息技术总体规划，基础设施层标准要围绕建设需要，兼顾其他信息系统项目中涉及与基础设施建设方面有关的内容，以实现对基础设施建设和应用充分支撑，使基础设施能够顺利实施，安全平稳运行。

作为信息化建设的基础，信息技术基础设施建设的好坏将直接影响企业整体信息化建设和应用水平的高低。具体来说，通过对基础设施标准建设，实现对基础设施建设和应用的全面支撑，主要体现在以下几个方面：

（1）保障信息系统在安全、可靠、稳定、高速的网络环境下建设和运行，从而实现依托于信息系统的日常业务的持续性。

（2）全面提升数据中心的建设水平、运行维护管理能力和节能管理能力，使数据中心更好地支持企业信息化建设和应用。

（3）指导服务器、存储、网络设备和桌面计算机等计算机软硬件资源的整合和充分利用，最大限度地共享计算机软硬件资源，在降低软硬件投资成本的同时，获取最大的投资回报。

（4）提升基础应用系统运行维护管理能力，确保其稳定运行，使各级用户享受基础应用系统带来的便利。

（5）确保企业数据的安全和可靠，实现数据从存储、备份与恢复、保存到销毁，整个生命周期内的管理和保护。

9.1.2 体系构成

我国标准化工作在建国之后开始开展工作，到 2018 年我国标准达到 53600 余项（其中现行有效 34100 余项，废止 17600 余项，即将实施 1773 项）。经过重新修订的《中华人民共和国标准化法》2018 年 1 月 1 日起施行。我国标准化工作的国家管理机构是国家市场监督管理总局下属的国家标准化管理委员会。

我国标准包括国家标准、行业标准、地方标准和团体标准、企业标准。其中国家标准包括强制性国家标准和推荐性国家标准，对保障人身健康和生命财产安全、国家安全、生态环境安全及满足经济社会管理基本需要的技术要求，应当制定强制性国家标准；对满足基础通用、与强制性国家标准配套、对各有关行业起引领作用等需要的技术要求，可以制定推荐性国家标准。对没有推荐性国家标准、需要在全国某个行业范围内统一技术要求，可以制定行业标准。为满足地方自然条件、风俗习惯等特殊技术要求，可以制定地方标准。国家鼓励学会、协会、商会、联合会、产业技术联盟等社会团体协调相关市场主体共同制定满足市场和创新需要的团体标准，团体标准是本次标准化法提出的一个新的标准。强制性标准文本应当免费向社会公开，国家推动免费向社会公开推荐性标准文本。企业可以根据需要自行制定企业标准，或者与其他企业联合制定企业标准，企业标准是强制性标准。推荐性国家标准、行业标准、地方标准、团体标准、企业标准的技术要求不得低于强制性国家标准的相关技术要求。

截至 2016 年国家共计发布信息类国家标准 1400 余项，其中的强制性标准和部分推荐性标准可通过网站（网址：http：//www.gb688.cn/home/）查询，也可以通过平台（网址：http：//www.std.gov.cn/gb）获得国家标准和行业标准的信息。其中基础设施类网络的标准除了关注国家标准，也可关注通信邮电行业类的标准，该行业的标准会比同类国家标准更新更快。

企业信息技术基础设施层标准应紧紧围绕着企业信息技术标准规划的基础设施项目，并兼顾规划的其他信息系统项目中涉及与基础设施建设方面有关的内容，以确保基础设施标准能够规范其他信息系统项目对基础设施的应用，实现对其他信息系统项目建设的支持和保障。基础设施标准体系包括网络运行维护管理标准和数据中心运行维护管理标准两部分。基础设施标准体系构成见表 9–1。

表 9–1　基础设施标准体系构成

第一层	第二层	标准名称
基础设施	网络运行维护管理	广域网建设与运行维护规范
		互联网出口建设与运行维护规范
		局域网建设与运行维护规范
		海外网络建设与运行维护管理规范
		网络设备间建设与运行维护规范
		计算机网络互联技术规范
		VSAT 卫星通信系统建设规范
		VSAT 卫星通信系统运行维护管理规程
	数据中心运行维护管理	数据中心机房管理规范
		数据中心机房建设规范
		数据中心动力与环境监控系统建设规范
		数据中心标识系统规范

网络运行维护管理标准包括各类网络建设与运行维护方面的标准，主要有广域网建设与运行维护规范、互联网出口建设与运行维护规范、局域网建设与运行维护规范等标准。

数据中心运行维护管理标准包括数据中心机房的建设与管理方面的标准，主要有数据中心机房管理规范和数据中心动力与环境监控系统建设规范等标准。

9.1.3 制定和实施

信息技术基础设施标准的制定主要从标准制定的时间安排、标准制定的优先级及标准制定的流程三个方面进行考虑。

9.1.3.1 标准制定的时间安排

（1）已建信息系统。对已经建设完成的信息系统，可尽早安排标准制定任务，进行标准建设，以实现系统的提升完善。

（2）在建信息系统。对于在建信息系统，将在系统推广阶段结束之后，尽快安排标准制定任务。

（3）新建信息系统。标准的制定工作可以与信息系统建设的进程保持一致，逐步完成标准的初步方案设计、标准初稿和草案编制及评审，并在信息系统建设过程中验证标准。

9.1.3.2 标准制定的优先级

成熟应用优先。对于已建信息系统，其系统已经过试点、推广阶段的建设和应用检验，系统的数据配置、应用流程等内容已经较为完善和稳定，这些系统的项目成果可以经过分析整理，转化为标准成果，对系统进行进一步的规范和提升，因此可以优先安排已经成熟应用的信息系统项目组开始标准的制定工作。

通用性优先。对于网络运行维护管理、数据中心运行维护管理及云计算资源分配管理相关的标准，各信息技术项目组都会在日常的系统建设、运行维护的工作中进行使用。这些标准对其他项目的建设具有支持和辅助的作用，具有较高的通用性，因此可以从整体层面考虑，优先安排制定工作。

9.1.3.3 标准制定的流程

标准初步方案时间。在编制信息技术项目可行性研究期间，作为可行性研究的一部分内容，完成对标准内容的初步研究，确定相关各项标准的编制范围和内容，形成标准制定的初步方案，并在可研评审时完成。

标准编制启动时间。在信息技术项目试点期间，标准编制任务启动的时间与试点项目启动时间保持一致。

标准初稿时间。跟随着信息系统现状分析、详细设计等建设阶段，就可以正式开展标准的制定工作，并在试点项目中完成标准初稿，计划完成初稿的时间在项目试点上线验收前 1 个月。

标准草案时间。在项目试点期间形成的标准初稿经过信息技术项目推广阶段的验证，在项目推广结束前 3 个月形成标准草案并提交全国信息技术标准化委员会（以下简称“信标委”）审批。若项目推广周期长于 2 年，则要求在标准初稿形成之后 2 年内完成标准草案。

标准立项年度。特大型企业业务范围广，一般都设有标准化专门管理机构，信息化标准草案要转化为公司标准，还需要经过标准立项工程。标准立项年度时间依据标准草案形成的时间决定，9月份之前完成的标准草案纳入本年立项计划，9月份之后的标准草案移至下一年立项。

9.1.3.4 标准实施

当前基础设施标准的实施主要包括以下三个方面：一是标准批准发布后，信息化管理部门所属机构应根据工作需要配备现行有效的标准；二是标准起草单位可以提出宣贯和培训计划，由信息化管理部门同意并委托信标委秘书处组织和落实标准的宣贯和实施；三是成员企业制订培训计划，由信息化管理部门同意并委托信标委秘书处组织和落实标准的宣贯和实施。

9.1.3.5 标准宣贯

标准宣贯工作可分为两种：第一种方式是通过期刊、网络等平台进行文字方面的标准宣贯；第二种方式是通过举办培训活动由标准起草人员亲自进行讲解宣贯。

（1）网站宣贯。网站对基础设施标准的宣贯解读主要体现在网站的信息发布共享功能上，网站管理员可以在网站上更新标准的制修订动态，发布标准及其他重要文件和资料文档。

（2）培训宣贯。信息技术标准培训应纳入企业信息管理部门统一组织的年度信息工作培训计划，对于新制定标准、年度重点宣贯标准等进行培训讲解。另外，信息标准管理部门也应不定期组织对信息标准使用者（即信息系统项目建设者、管理者和业务用户）进行信息标准培训。

9.2 网络运行维护管理标准

9.2.1 网络运行维护管理标准构成

网络运行维护管理标准包括广域网建设与运行维护规范、互联网出口建设与运行维护规范、局域网建设与运行维护规范、网络设备间建设与运行维护规范、计算机网络互联技术规范、VAST卫星通信系统建设与运行维护规范等。

9.2.2 广域网建设与运行维护规范

明确企业广域网建设和运行维护的组织机构和职责，明确广域网建设管理和运行维护管理的基本原则，规范企业广域网建设和运行维护管理。广域网建设与运行维护规范基本信息见表9–2。

表 9-2 广域网建设与运行维护规范

标准名称	广域网建设与运行维护规范
实施日期	2015-11-01
摘要	本标准给出了广域网建设和运行维护的组织机构及职责，确定了广域网建设管理、运行维护管理的基本原则
适用范围	本标准适用于企业总部及所属各企事业单位

9.2.3 互联网出口建设与运行维护规范

明确互联网出口建设和运行维护的组织机构及职责，确定互联网出口建设管理和运行维护管理的基本原则，规范企业互联网出口的运行维护和管理工作。互联网出口建设与运行维护规范基本信息见表 9-3。

表 9-3 互联网出口建设与运行维护规范

标准名称	互联网出口建设与运行维护规范
实施日期	2017-01-01
摘要	本标准规定了统建互联网出口建设与运行维护的组织机构及职责，确定了互联网出口建设管理、运行维护管理和业务服务的基本原则
适用范围	本标准适用于企业互联网出口建设与运行维护
引用国家标准文件	GB/T 22239—2008 信息安全技术 信息系统安全等级保护基本要求 GB/T 22240—2008 信息安全技术 信息系统安全等级保护定级指南 中华人民共和国保守国家秘密法实施条例 中华人民共和国国务院令第 646 号

9.2.4 局域网建设与运行维护规范

从规划、技术与性能、设备选型、设备配置、验收及运行维护管理等方面，规定局域网建设应遵守的基本要求，并提供网络设备选型参考，该标准的目的是为了实现企业计算机网络端到端畅通的数据传输。局域网建设与运行维护规范基本信息见表 9-4。

9.2.5 网络设备间建设与运行维护规范

规定网络设备间分级、规划、综合布线及运行维护管理等方面的基本要求，并给出网络设备间运行维护表单和消防应急处理预案模板参考。网络设备间建设与运行维护规范基本信息见表 9-5。

表 9–4 局域网建设与运行维护规范

标准名称	局域网建设与运行维护规范
实施日期	2015–11–01
摘要	本标准规定了局域网建设应遵守的规划、技术与性能、设备选型、设备配置及验收和运行维护管理等基本要求，对局域网项目组在建设、运行维护工作中提供了相应的参考
适用范围	本标准适用于企业所属各企事业单位局域网建设与运行维护，不包括企业办公专网
引用国家标准文件	GB/T 13993.3—2014 通信光缆系列 第 3 部分：综合布线用室内光缆 GB 15599—2009 石油与石油设施雷电安全规范 GB/T 18015.1—2007 数字通信用对绞或星绞多芯对称电缆 第 1 部分：总规范 GB/T 21671—2008 基于以太网技术的局域网系统验收测评规范 GB/T 21714.1—2008 雷电防护 第 1 部分：总则

表 9–5 网络设备间建设与运行维护规范

标准名称	网络设备间建设与运行维护规范
实施日期	2011–07–01
摘要	本标准规定了网络设备间分级、规划、综合布线及运行维护管理等方面的基本要求，给出了网络设备间运行维护表单和消防应急处理预案模板参考
适用范围	本标准适用于网络设备间的新建、扩建、改建和运行维护。不包括安装在办公室、走廊和楼梯等开放空间或室外空间的网络设备和配线架
引用国家标准文件	GB 50057—1994（2000） 建筑物防雷设计规范 GB 50116—1998 火灾自动报警系统设计规范 GB 50312—2007 综合布线工程验收规范 GB 50343—2004 建筑物电子信息系统防雷技术规范

9.2.6 计算机网络互联技术规范

规定计算机网络互联技术包括网络结构、域名系统、IP 地址、互联协议、串行接口二层封装协议、自制系统和路由协议等内容。计算机网络互联技术规范基本信息见表 9–6。

表 9–6 计算机网络互联技术规范

标准名称	计算机网络互联技术规范
实施日期	2018 年发布
摘要	本标准规定了企业计算机网络结构、域名系统、IP 地址、互联协议、串行接口二层封装协议、自治系统、路由协议、网络链路、设备造型、设备管理、网络保障、质量服务、视频系统、安全策略等
适用范围	本标准适用于企业计算机内网网络互联，包含广域网、局域网、数据中心网、远程接入网及网络配套基础设施

9.2.7 VAST 卫星通信系统建设规范

规定企业卫星通信系统的主站及小站建设范围、标准。VSAT 卫星通信系统建设规范基本信息见表 9–7。

表 9–7 VSAT 卫星通信系统建设规范

标准名称	VSAT 卫星通信系统建设规范
实施日期	2013–10–01
摘要	本标准规定了企业卫星通信系统的建设要求、设计要求、站址的选择要求、设备的选配要求、设备的安装要求等
适用范围	本标准适用于企业新建 C 频段（6/4 GHz）和 Ku 频段（14/11～12 GHz）的 VSAT 网工程设计、工程实施
引用国家标准文件	GB 4824 工业、科学和医疗（ISM）射频设备 电磁骚扰特性 限值和测量方法 GB/T 7611 数字网系列比特率电接口特性 GB 8702 电磁辐射防护规定 GB 9175 环境电磁波卫生标准 GB 50204—2002 混凝土结构工程施工质量验收规范 GB/T 13620 卫星通信地球站与地面微波站之间协调区的确定和干扰计算方法 YD/T 5003 电信专用房屋设计规范 YD/T 5028 国内卫星通信小型地球站（VSAT）通信系统工程设计规范 YD/T 5040 通信电源设备安装设计规范 YD 5059 电信设备安装抗震设计规范 YD 5098 通信局（站）防雷与接地工程设计规范

9.2.8 VAST 卫星通信系统运行维护规程

规定国内外卫星通信系统主站及小站日常的运行维护需要的注意事项、标准和规范。VSAT 卫星通信系统运行维护管理规程基本信息见表 9–8。

表 9–8 VSAT 卫星通信系统运行维护管理规程

标准名称	VSAT 卫星通信系统运行维护管理规程
实施日期	2017–01–01
摘要	本标准规定了企业国内和海外 VSAT 卫星通信系统主站和小站运行管理的技术、质量要求
适用范围	本标准适用于企业国内和海外 VSAT 卫星通信系统主站和小站的日常使用维护、故障处理、设备管理等
引用国家标准文件	GB 8702 电磁辐射防护规定 GB 13615—2009 地球站电磁环境保护要求 GB/T 13620—2009 卫星通信地球站与地面微波站之间协调区的确定和干扰计算方法 GB 50689—2011 通信局（站）防雷与接地工程设计规范 YD 5003—2014 通信建筑工程设计规范 YD/T 5028—2005 国内卫星通信小型地球站（VSAT）通信系统工程设计规范 YD/T 5040—2005 通信电源设备安装工程设计规范

9.3 数据中心运行维护管理标准

当前企业数据中心运行建设与运行维护管理标准由数据中心机房建设规范、数据中心机房管理规范、数据中心动力与环境监控系统建设规范和数据中心标识系统规范等标准构成。

9.3.1 数据中心机房建设规范

数据中心建设是一项庞大而复杂的工程，需要考虑稳定、安全和节能等诸多方面要求。随着企业数据中心的推广建设，一些成员企业重要的信息系统需要迁移到集团公司统一建设、管理的区域级数据中心，因此需要相关的流程和方法，指导信息系统的迁移过程，确保迁移有序、快捷、安全和可靠。通过提升数据中心机房建设规范，纳入评估方法和搬迁流程，使标准更好地指导企业各级数据中心建设工作，保证建设质量，提高数据中心运行效率，提升数据中心对信息系统建设和运行的支撑能力。数据中心建设规范见表 9–9。

表 9–9 数据中心建设规范

标准名称	数据中心机房建设规范
实施日期	2010–08–01
摘要	本标准给出了数据中心机房建设要求，包括数据中心机房分级与性能要求、机房位置选择及设备布置、环境要求、建筑与结构、空气调节、电气技术、电磁屏蔽、机房布线、机房监控与安全防范、给水排水、消防的技术要求
适用范围	本标准适用于企业总部及所属各企事业单位新建、改建和扩建数据中心机房建设
引用国家标准文件	GB 50174—2008 电子信息系统机房设计规范 GB 50395—2007 视频安防监控系统工程设计规范 EIA/TIA–606 商业及建筑物电信基础结构的管理标准 UL 969 标记和标签体系

9.3.2 数据中心机房管理规范

数据中心已经成为衡量一个企业信息化建设水平高低的重要标志。作为基础设施，数据中心是否稳定运行将直接影响企业生产经营。如果数据中心出现问题，将使依托于信息系统的业务无法正常运转，使企业蒙受重大损失。因此必须要通过高质量的运行维护管理确保安全稳定和高可用。另外，数据中心日常运行维护较一般的信息系统运行维护更加复杂，一方面对运行维护人员的专业技能和水平要求较高，另外一方面涉及对象和种类众多，运行维护工作比较烦琐。通过规范数据中心机房管理，更好地指导企业各级数据中心机房运行维护管理工作，提升数据中心的整体运行维护管理水平，保障应用系统的安全与稳定运行。数据中心机房管理规范见表 9–10。

表 9–10　数据中心机房管理规范

标准名称	数据中心机房管理规范
实施日期	2010–08–01
摘要	本标准给出了数据中心机房的总体架构和管理组织，提出了对各级数据中心机房运行维护管理的要求
适用范围	本标准适用于企业总部及所属各企事业单位数据中心机房的管理

9.3.3　数据中心动力与环境监控系统建设规范

随着信息基础设施的持续完善，电源、空调及环境集中监控管理系统在企业各级数据中心已经广泛应用，对电源、空调设备的稳定运行和数据中心安全起到了积极促进作用。通过制定数据中心动力与环境监控系统建设规范，可指导数据中心监控系统的设计与建设，提升硬件共用性和软件兼容，做到不同厂商监控系统之间的互联、互通，实现集团级、区域级集中监控平台搭建。数据中心动力与环境监控系统建设规范见表 9–11。

表 9–11　数据中心动力与环境监控系统建设规范

标准名称	数据中心动力与环境监控系统建设规范
实施日期	2014–10–01
摘要	本标准规定了数据中心动力与环境监控系统建设要求，包括数据中心动力监控、环境监控、安全防范及消防系统联动的总体要求、系统架构与组成、系统功能、监控对象、硬件及软件技术要求和技术文件要求
适用范围	本标准适用于企业总部及所属各企事业单位新建、改建和扩建的数据中心机房动力与环境监控系统建设
引用国家标准文件	GB 4943—2011　信息技术设备　安全 GB/T 13926—1992　工业过程测量和控制装置的电磁兼容性 GB 50348—2004　安全防范技术工程规范 GB 50395—2007　视频安防监控系统工程设计规范 IEC 61158　工业通信网络—现场总线规范 ITU–TK.20　安全在电信中心的电信设备的抗过电压及过电流能力 TIA/EIA–568–A　商业大楼通讯布线标准

9.3.4 数据中心标识系统规范

完善的标识系统管理可以保障数据中心基础安全、降低人为风险、提高维护水平、降低劳动强度、缩短排障时间和方便资产管理。制定统一的数据中心标识系统规范，对指导、统一企业各级数据中心的标识系统建设和管理具有重要意义。数据中心标识系统规范见表 9–12。

表 9–12 数据中心标识系统规范

标准名称	数据中心标识系统规范
实施日期	2017–01–01
摘要	本标准规定了数据中心标识系统的基础规范和应用规范，并给出了数据中心标识系统的构成、设计原则和应用原则
适用范围	本标准适用于企业总部及所属各企事业单位数据中心标识系统的设计和应用
引用国家标准文件	GB 2893—2008 安全色 GB 2894—2008 安全标志及其使用导则 GB/T 15565.1—2008 图形符号 术语 第 1 部分：通用 GB/T 15565.2—2008 图形符号 术语 第 2 部分：标志及导向系统 GB/T 16901.1—2008 技术文件用图形符号表示规则 第 1 部分：基本规则 GB/T 16902.1—2004 图形符号表示规则 设备用图形符号 第 1 部分：原形符号 GB/T 16903.1—2008 标志用图形符号表示规则 第 1 部分：公共信息图形符号的设计原则 GB/T 20001.2—2001 标准编写规则 第 2 部分：符号

9.4 小结

开展企业信息技术基础设施标准化建设，能够显著提升企业信息基础设施建设和运行维护效率，对于信息基础设施的可维护性、可扩展性等方面都具有重要意义。本章着重对企业信息技术基础设施标准体系、网络运行维护管理标准、数据中心运行维护管理标准进行了分析，给出了实际运行维护过程相关标准案例。

10　企业信息技术基础设施运行维护

企业信息技术基础设施运行维护，除需组建集团级、区域级和地区公司级三级运行维护服务体系，发挥各专业技术团队高度协作的工作优势，更要将网络运行维护管理、数据中心运行维护管理和云计算资源分配管理三个方面的业务流程重构作为重点，以期达到信息技术基础设施故障智能发现、科学决策和高效处理的目的，使运行维护工作更加显性化、简单化和及时化，提升运行维护效率和客户感受，从而对企业信息化管理制度的变革和管理水平的提高起到推进作用。

10.1　运行维护组织体系与流程

10.1.1　运行维护组织

企业信息基础设施运行维护应由集团公司信息管理部门统一管理，组织建立集团级、区域中心级和地区公司级三级运行维护组织体系。各级运行维护队伍的网络管理员、系统管理员名单应上报集团信息管理部门，经培训合格后，由集团信息管理部门统一授权上岗。人员发生变化时，应及时上报集团信息管理部门。企业信息技术基础设施运行维护组织体系如图 10-1 所示。

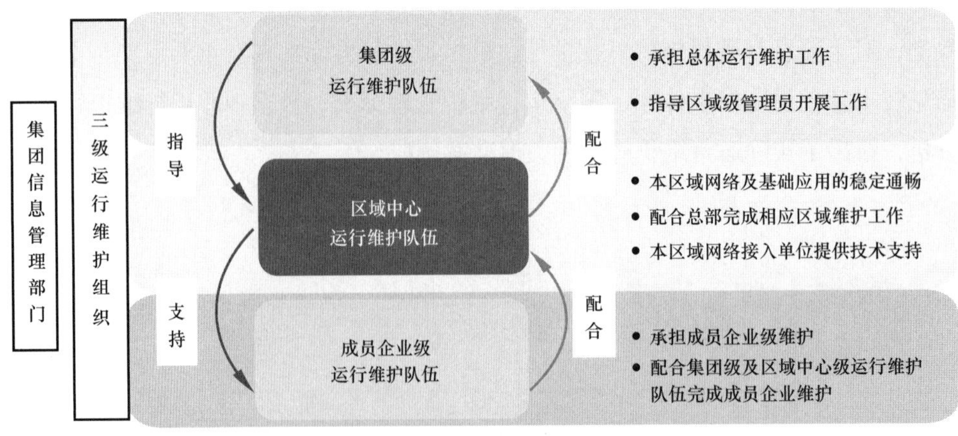

图 10-1　企业信息技术基础设施运行维护组织体系示意图

10.1.2 运行维护流程

基础设施运行维护业务流程如图 10–2 所示，主要包括以下 3 个方面的流程。

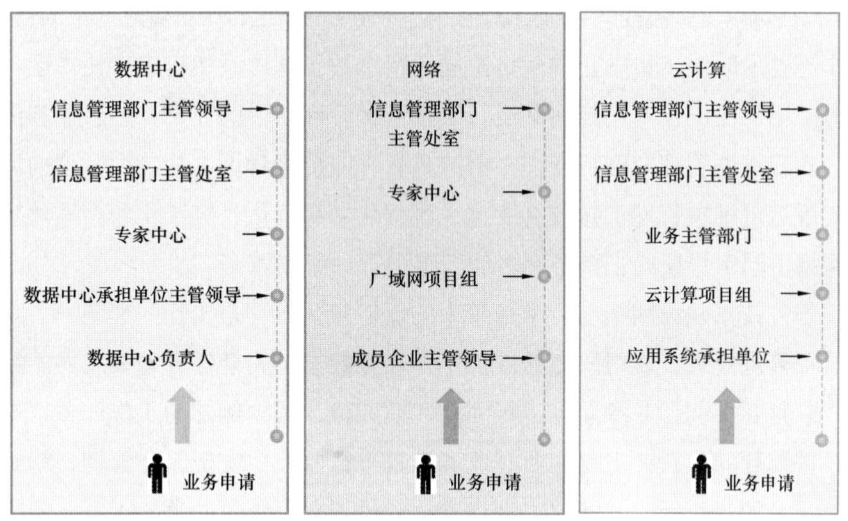

图 10–2 基础设施运行维护业务流程

10.1.2.1 网络运行维护管理流程

包括系统接入、资源分配等业务流程。涉及国内和海外广域网及链路运行维护等项目团队。分为面向地区公司的接入流程、面向应用系统的资源分配流程、面向用户的服务使用请求。根据业务类型的不同，审批过程相关单位有各运行维护承担单位、网络与数据中心专家中心、信息管理部门等多个环节。

10.1.2.2 数据中心运行维护管理流程

按照集团公司数据中心建设和运行维护相关制度、标准和规范，制订有各类运行维护和业务服务流程，如应用系统机柜部署申请和集团数据中心参观申请流程。

10.1.2.3 云计算资源分配管理流程

主要包括云计算资源配额申请流程、配额内资源申请和资源回收流程。

10.2 网络运行维护管理

基于设备信息读取的网络管理系统应用在网络日常运行维护和管理中发挥了重要作用，实现了以人为主体的运行维护流程的管理。以往的运行维护系统工单派发功能不完善，自动化程度不高，缺少对业务流程的监控手段，管理人员难于发现执行过程中的瓶颈和问题。

网络运行维护管理的不完善可以通过工作流的技术方式来进行加强和完善。工作流是基于日常工作中具有固定程序的活动而提出的一个逻辑概念，旨在通过将一个具体的工作分解成多个任务、角色，并按照一定的规则和过程，约束这些任务的执行及监控，解决现有流程系统的缺陷，还可以支持流程的调整与优化，达到提高网络运行维护管理水平的目标。

将工作流技术应用于集中化的网络协同运行维护管理体系架构中，使得运行维护管理更加高效。采用工作流技术建设网络运行维护流程管理的目的在于：整合业务流程，细化工作角色，实现例外管理向例行管理、粗放式管理向精确管理、功能型管理向流程型管理的转变，实现运行维护管理工作的制度化、流程化、规范化、电子化和高效化。建立基于集中化的网络协同工作模式，提升网络运行维护管理流程效率。

采用工作流技术建设网络运行维护带来的优势包括：一是构建一个统一、集中的网络运行维护流程管理模式，使得所有的维护工作任务能通过一个任务列表或界面系统进行展示和体现；二是对于例行业务流程进行固化和模式化，减少例外的工作任务，支持多种日常关键性工作流程的运营；三是对所有业务流程进行监控，实现闭环管理、精确管理；四是能够衡量员工的工作量，并能够客观地支撑对员工业务绩效的考核；五是网络运行维护流程管理模式能够适应运行维护流程的优化和改进，具有灵活、可配置和可扩展等特征；六是使系统具备良好的开放性和可扩展性，保证系统能够与其他系统进行应用集成。

10.2.1 协同运行维护管理

协同运行维护管理通过集中化管理实现，其功能由 3 个层次组成。

10.2.1.1 现场维护层

现场维护层主要负责所辖区域的电源、环境、机房和布线等网络设备及基础设施的现场值守、维护及巡检工作，接受来自网络管理人员的调配指令，配合和实施相关现场操作、资源调配等工作，并对维护和实施结果进行定期巡检和上报。

10.2.1.2 网络管理层

网络管理层的业务核心职能是资源管理、统一监视、数据配置、方案管理、数据管理、运行维护优化、性能管理和故障管理等，并具有对网络进行控制的绝对权限和技术能力，保证业务不可用时间降到最低。

10.2.1.3 技术支持层

技术支持层是整个运行维护体系架构中技术层次最高的部门，该层次负责对整个网络运行维护中出现的各类难点和无法解决的故障点进行技术支持，制订网络的优化改造方案，负责面向客户的系统集成工作。

10.2.2 协同运行维护工作平台

建立闭合的工作流程，实现一线运行维护人员、技术专家、厂家技术支持、管理人员等多方人员的协同工作。通过即时通信、操作助手、视讯会议和集中操作等手段的整合，实现交流工具的协同配合。通过故障现象呈现、组织过程资产呈现、协同信息的交互、图形及语音的故障交互分析、定位处理等，实现故障分析的协同。通过固化常见问题经验、规范工作流程和操作形式、加强现场维护管理，明确分工，角色清晰，协同配合，固化运行维护经验，实现故障处理的协同。通过故障影响分析、故障处理过程信息、处理决策影响分析，整合调度手段，突出集中管理，实现决策协同。通过建立人员、角色、任务的耦合机制，实现三级运行维护体系的联动。通过对网络管理层、现场维护层及技术支持层的协同配合，形成虚拟团队管理模式，并且从组织、流程和支撑手段三个方面结合，使得虚拟组织能够高效、稳定地协同工作，保障网络集中化运行维护工作的顺利开展。

10.2.3 运行维护管理流程的实施

网络运行维护管理流程的实施包括流程梳理、流程建模、流程执行和流程优化。

10.2.3.1 流程梳理

企业要实现业务流程的信息化，首先要对现有的业务流程进行重新梳理和分析，制订每个流程的期望预期、流程目标及对应的 KPI 指标，筛选出流程中的不合理和存在缺陷或者漏洞的环节，撰写角色所对应的职责说明书和流程指示等规范化文档，并制订流程模板，用作流程建模参考。

10.2.3.2 流程建模

现有流程进行梳理之后形成新的流程模板，需要将新的业务流程通过软件进行建模仿真。通过可视化的图形用户界面的工作流程系统，对企业的业务流程进行建模。首先，需要在建模环境下将企业的业务流程以图形化的方式呈现，然后再将企业各业务的应用系统接口互联形成视图，使得这些接口映射到建模流程的各个节点上去，进而完成相应节点的业务功能，以便共同完成企业的业务流程。

10.2.3.3 流程执行

通过工作流管理系统的业务流程建模仿真之后，便可以把业务流程相应的应用到具体的工作环境中执行，最终验证该流程的可行性。

10.2.3.4　流程优化

确定网络优化的业务愿景，实现网络资源配置与服务质量的最优均衡，提高网络资源利用率及服务质量。管理人员对执行流程进行跟踪，根据流程中各个环节执行时间的统计数据，找出影响流程执行瓶颈，发现流程中不完善的环节，再次对业务流程重新进行评估和优化，并在工作流管理系统中做出相应的修改调整，实现业务流程无中断背景下的流程优化改造。

网络运行维护流程实施后，实现了网络运行维护的集成化、流程化及规范化运作，推进了业务策略集中化、精细化管理的实施。

企业信息化建设过程中，需要业务与技术双重驱动，相辅相成。优秀的管理思想需要借助先进的技术平台得以实现，先进的技术平台可以将好的管理思想完美呈现。工作流技术方式是企业信息化建设进程中，实现流程固化、流程优化及应用集成的重要手段和有效工具，能够高效地推进网络运行维护开展和企业信息化建设的进程。

10.3　数据中心运行维护管理

10.3.1　构建运行维护管理组织

通常运行维护由综合管理团队和各专业维护团队组成。综合管理团队负责信息基础设施整体运行维护管理；各专业维护团队负责相关专业维护。专业维护团队由运行监控组、电源维护组、空调维护组、安全消防组、网络及系统维护组和用户服务组组成。

各级数据中心机房岗位设置评估时，分为应设置和宜设置两种情况，供决策者参考。运行维护岗位设置见表 10-1。

表 10-1　数据中心运行维护岗位设置

岗位名称	综合管理	运行监控	电源维护	空调维护	安全消防	网络及系统维护	用户服务
集团级	应	应	应	应	应	应	应
区域级	应	应	应	应	应	宜	宜
地区公司级	应	应	宜	宜	应	宜	宜

10.3.1.1　综合管理岗

负责基础设施管理，编制年度工作计划，制定管理制度和专业运行维护质量指标，组织质量监督检查和绩效考核。

10.3.1.2 运行监控岗

负责数据中心机房动力设备及场地环境、网络设备、信息系统设备的实时监控和现场值守。

10.3.1.3 电源维护岗

负责数据中心机房供配电系统、照明系统维护。

10.3.1.4 空调维护岗

负责数据中心机房空调系统、新风系统的维护。

10.3.1.5 网络及系统维护岗

负责综合布线系统、网络设备、服务器及存储设备的管理和维护。

10.3.1.6 用户服务岗

负责用户服务受理，用户问题的记录、跟踪反馈、协调解决和机房运行情况发布。

10.3.1.7 安全消防岗

负责数据中心机房安全防范和消防设施的维护。

10.3.2 制定运行维护管理制度

数据中心运行维护应制定值班管理制度、机房巡检制度、设备维护制度、设备出入管理制度、人员出入数据中心管理制度和绩效考核。同时，应制定安全制度、保密规定、消防管理制度，定期进行监督检查。

执行值班管理制度，应编写基础设施运行维护周报；执行设备维护制度，应编写相关的维护操作细则和相关工作流程；执行设备出入管理制度，应编写数据中心机房设备移入申请表单、移出申请表单。

10.3.3 编制应急预案

各级数据中心机房运行维护机构应编写包括消防应急处理预案、电源系统应急处理预案、空调系统应急处理预案、网络应急处理预案等。应定期评估数据中心设施存在的风险，提出整改措施。定期按照应急处理预案组织演练。

集团级数据中心机房应制定同城和异地灾难恢复的应急处理预案。区域级数据中心机房应制定同城灾难恢复的应急处理预案。

10.3.4 数据中心运行维护管理

10.3.4.1 数据中心 ISO 20000 体系认证

企业数据中心运行维护管理流程可通过《信息技术服务管理体系标准》（ISO 20000）认证进行规范、完善。

《信息技术服务管理体系标准》（ISO 20000）是针对信息技术服务管理（IT Service Management）领域的国际标准，其管理体系标准代表了被广泛认可的评估信息技术服务管理流程原则基础。该标准基于 ITIL 的最佳实践，定义了一套全面的、紧密相关的服务管理流程。主要适用于信息技术服务管理（Information Technology Service Management，ITSM），为企业的信息技术服务管理实践提供了一个客观、严谨、可量化的标准和规范。

《信息技术服务管理体系标准》（ISO 20000）认证是指企业组织建立的信息技术服务管理符合《信息技术服务管理体系标准》（ISO 20000）。体系认证主要分现状评估与差异分析、体系建设、推广试运行、认证审核及持续改进等阶段。获得《信息技术服务管理体系标准》（ISO 20000）证书，可以提升企业数据中心整体形象，实现以服务为导向，并建立服务目标和策略。同时建立企业自身科学有效的信息技术服务管理体系，提升运行维护团队的整体素质。体系的建立是一个运行维护团队完善与提升的过程，从传统的运行维护管理模式逐步转向以服务为核心的管理模式。运行维护管理提升过程如图 10–3 所示。

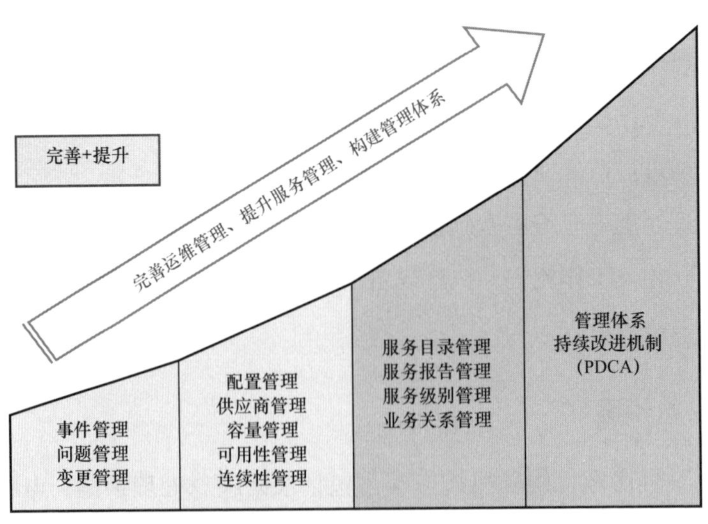

图 10–3 运行维护管理提升过程

10.3.4.2 数据中心运行维护管理流程

运行维护管理流程主要包括事件管理、问题管理、变更管理、配置管理、发布管理、业务关系管理、服务级别管理、容量与可用性管理、连续性管理、信息安全管理和供应商管理及服务报告管理等主要流程。

事件管理的目的是尽快解决数据中心日常运行维护过程中的事件及服务请求，恢复被中断或受到影响的信息技术服务，以满足约定 SLA 的要求。

事件管理应确保所有事件被记录、优先级划分、业务影响评估、分类、更新、升级、解决和正式关闭，并定期提交事件报告。在事件处理过程中，应该通过电话、邮件、短信等有效方式及时通知用户，使其了解故障或服务请求的进展。如果不能达到承诺的服务级别，应提前告警并采取相应的措施。与事件管理有关的所有运行维护人员应该根据权限访问相关信息，如知识库和 CMDB 等。此外为确保影响重大的事件优先得到解决，应对事件进行分类分级划分，定义重大事件，制订相应流程，使其快速和有效地解决。

事件管理过程可分解为 6 个子流程，形成事件管理概要流程。事件管理概要流程如图 10–4 所示。

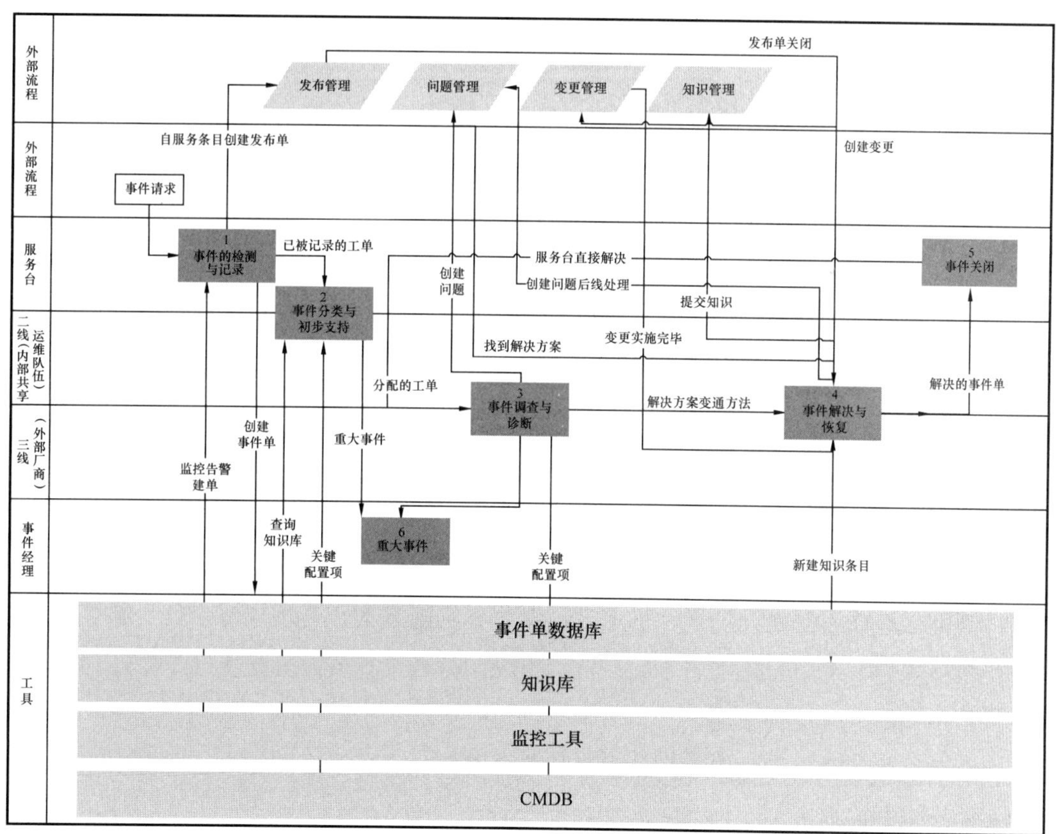

图 10–4 事件管理概要流程

（1）事件的检测与记录。记录事件，填写事件的详细信息。

（2）事件分类与初步支持。服务台设定事件优先级、分类等，并尝试解决事件，如果不能解决，则将事件分配给合适的内部共享运维队伍。

（3）事件调查和诊断。调查分析事件的产生原因，并寻找解决方案。

（4）事件解决与恢复。根据事件诊断的结果，提供事件解决方案或变通措施，并恢复事件。

（5）事件关闭。事件处理完毕后，关闭事件单，填写相关的关闭信息，选择正确的关闭代码。

（6）重大事件。对于发生的重大事件采取重大事件的处理流程，保证人员和资源的及时到位。

10.3.4.3 数据中心运行维护管理平台

按照 ISO 20000 的要求建立运行维护管理体系后，应建立相应的数据中心运行维护管理平台。通过运行维护管理平台建设，将 PDCA 模型、ITIL 服务管理及 ISO 20000 体系实现电子化落地，通过固化和自动化的手段，将理论运行维护方法应用到数据中心运行维护管理实践中。同时，运行维护管理平台将流程管理平台与已有的动环监控平台进行整合，初步构成一体化运行维护管理平台，以支撑运行维护管理的各项活动，全面提升运行维护管理效率和水平。

10.4 云计算平台运行维护管理

云计算平台运行维护管理需要明确相关的组织及对应职责，规范云计算资源、云计算资源池、信息系统云化迁移和云计算资源运行维护管理等内容，确保信息系统在云环境下的安全、稳定和高效运行，提升云计算资源使用率。

10.4.1 云计算资源管理

企业信息管理部门是云计算平台和各信息系统的主管部门，负责组织云计算平台承建单位，制订云计算资源建设规划，审定云计算业务实施方案和管理规范；负责制订信息系统云化实施规划，审定云化实施方案；负责组织制订云计算资源分配年度工作计划，审核各信息系统资源供给及资源预算。

企业信息系统建设和应用单位负责评估信息系统的云计算资源需求，并提出年度云计算资源配额需求计划。

云计算平台承建单位负责制订云计算平台和资源池建设实施方案，承担云计算平台、资源池建设和云计算资源管理，与信息系统相关机构共同完成云化实施工作。

云计算平台提供的服务包括虚拟计算类、物理计算类、存储类和网络类等服务，并定期发布新服务。云计算平台服务内容见表 10-2。

表 10–2　云计算平台服务内容

类别	内容
虚拟计算类 / 弹性计算云服务	包含 RedHat 虚拟服务器、SUSE 虚拟服务器、Ubuntu 虚拟服务、CentOS 虚拟服务器、麒麟虚拟服务器、Oracle Linux 虚拟服务器和 Windows 虚拟服务器服务
物理计算类 / 物理计算云服务	包含 RedHat 物理服务器、SUSE 物理服务器和 Windows 物理服务器服务
存储服务类 / 存储云服务	包含虚拟磁盘、块存储和文件存储服务。其中虚拟磁盘服务不独立提供，需与虚拟机服务一并提供
网络服务类 / 网络云服务	包含负载均衡和防火墙

云计算资源池建设的软硬件资源需求来源于企业各信息系统项目，池化后云计算资源的运行和维护由云计算平台承建单位负责。

10.4.2　云计算资源管理流程

云计算资源管理流程包括云计算资源配额的申请、变更管理，以及云计算资源使用的申请、变更和回收管理。

10.4.2.1　云计算资源配额申请

配额是指分配给信息系统云环境下的虚拟计算、物理计算、存储和网络等资源的总额度。

（1）申请主体。企业各信息系统管理团队根据实际需要，在规定的时间内提出云计算配额需求，并负责评估，提报配额需求计划。

（2）申请原则。信息系统按年度以云计算单元（4VCPU，32G 内存）的整数倍申请下年度的云计算资源配额。

（3）申请流程。由信息系统内部支持队伍在企业信息化工作管理平台提出申请，经审批通过后，由云计算平台承建单位执行配额分配并反馈。

10.4.2.2　云计算资源配额变更

（1）变更主体。信息系统管理团队根据实际需求提出配额变更申请。

（2）变更原则。原则上每个信息系统的配额变更次数每年不超过 2 次，且配额总量不能超过可研批复的总量。

（3）变更流程。由信息系统管理团队在信息化工作管理平台提出变更申请，经审批通过后，由云计算平台承建单位执行配额变更并反馈，云计算配额申请与变更管理流程如图 10–5 所示。

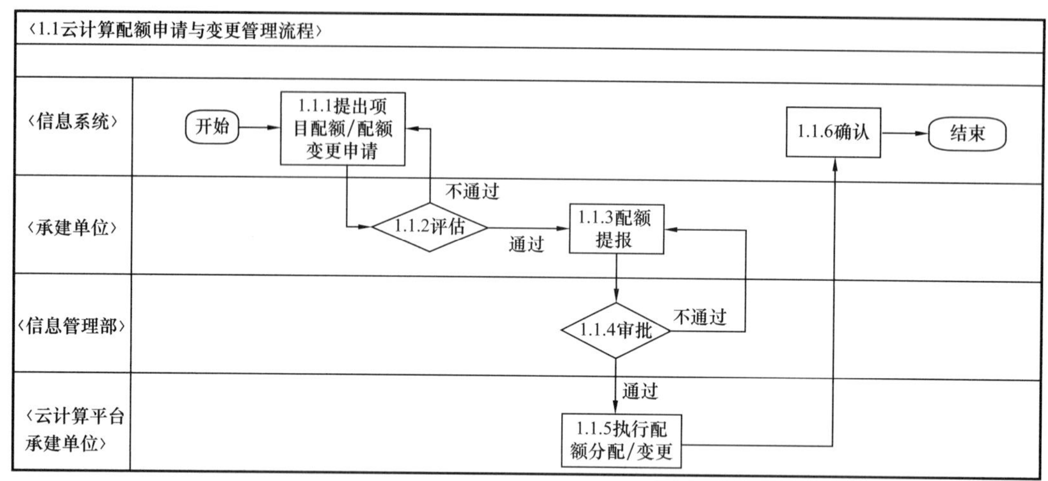

图 10–5　云计算配额申请与变更管理流程

10.4.2.3　云计算资源使用申请

云计算资源是指云计算平台承建单位提供的云环境下的计算、存储和网络等资源。

（1）申请主体。各信息系统管理团队为云计算资源申请的主体。

（2）申请原则。云计算资源申请的总量不能超配额总量且须明确使用的期限。云计算平台承建单位按适用原则对申请的资源进行评估和分配，以及实施部署。

（3）申请流程。由信息系统管理团队提出申请，云计算平台承建单位确认和部署。

10.4.2.4　云计算资源使用变更

（1）变更申请主体。信息系统管理团队可基于实际需要，对云计算资源的相关配置申请变更。

（2）变更原则。信息系统管理团队对云计算资源的变更须在配额内且符合相关标准和规范。

（3）变更流程。由信息系统管理团队提出申请，云计算平台承建单位负责云资源的变更实施。云计算资源使用申请与变更管理流程如图 10–6 所示。

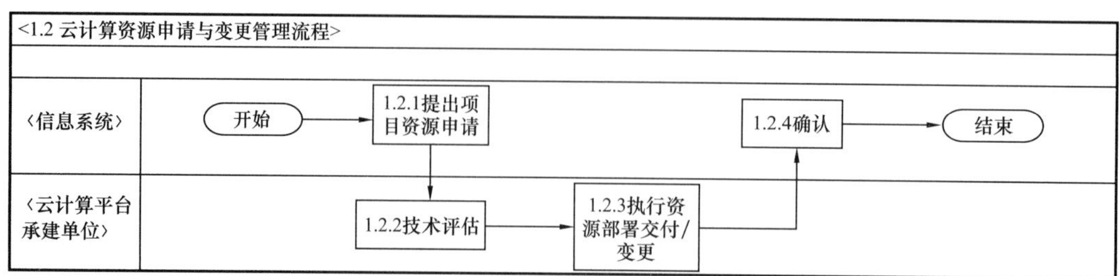

图 10–6　云计算资源使用申请与变更管理流程

10.4.2.5 云计算资源使用回收

（1）回收主体。云计算平台承建单位对使用率较低和使用到期的云计算资源进行回收，信息系统管理团队根据实际使用情况，提出云计算资源释放申请。

（2）回收原则。以不影响信息系统正常运行和云计算资源利用率最大化为原则。

（3）回收标准。除灾备环境外，计算资源在连续 3 个月有效工作时间内 CPU 平均利用率低于 20%，内存利用率峰值低于 50%。存储资源在上线后连续 12 个月容量空闲率高于 85%。

（4）回收方法。物理计算资源按八路物理机减至四路物理机，再由四路物理机减至十六核虚拟机的方式进行缩配，原则上内存与 CPU 的最大配比不超过 1∶8。虚拟计算资源则将 CPU 个数减半，内存与 CPU 的最大配比不超过 1∶8。

（5）到期续用。云计算资源使用到期前 60 日内，如需续用则提出续用申请。如不需续用，则须做好回收前的准备工作，并配合云计算平台承建单位完成资源回收。

（6）回收流程。由云计算平台承建单位回收闲置、使用到期的云计算资源。云计算资源回收管理流程如图 10–7 所示。

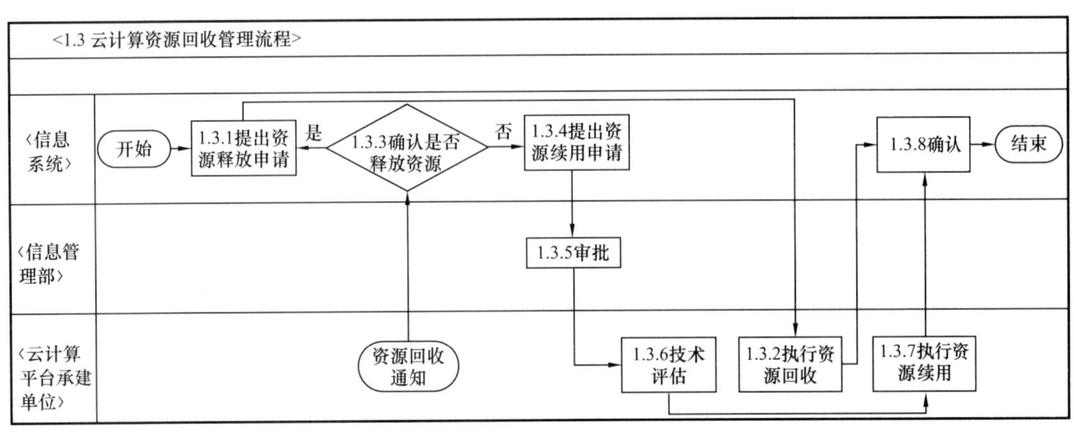

图 10–7 云计算资源回收管理流程

10.4.3 云计算资源运行维护管理

云计算平台承建单位负责提供云计算资源的技术支持服务。通过统一的服务台和企业信息系统管理平台处理云计算资源在使用过程中遇到的故障、服务请求、咨询和投诉等。

10.4.3.1 运行维护内容

云计算平台承建单位提供云计算管理平台的操作培训，负责云计算管理平台和虚拟化软件与服务器、存储、网络、防火墙和负载均衡等软硬件的运行维护并提供统一的安全策略。信息系统管理团队项目负责操作系统及以上资源（包括操作系统、数据库、中间件和应用系统等）的运行维护。

10.4.3.2 运行维护方式

（1）支持入口。设定统一的服务热线及运行维护支持邮箱。

（2）支持时间。云计算平台承建单位提供 7×24h 的热线支持和远程支持，以及 5×8h 按需现场服务支持。

（3）响应机制。遵循“先恢复服务，后处理问题”的原则，根据故障的影响度和紧急度确定优先级。

（4）应急演练。为确保发生重大事故时业务能够快速恢复，各信息系统管理团队应与云计算平台承建单位联合制订应急预案，并定期进行演练。

（5）灾备切换。云计算平台承建单位提供虚拟化、存储及灾备切换技术支持。

（6）运行维护工具。云计算平台承建单位根据云计算资源运行维护管理需要，部署企业信息系统管理平台的运行维护管理工具。

10.4.3.3 运行维护流程

用户通过热线和邮件的方式提交运行维护计划、资源需求给云计算资源统一的服务台，处理解决后的状态和最终结果通过服务台或邮件告知用户。

10.5 小结

大型企业信息技术基础设施一般比较复杂，运行维护需要建立统一的运行维护组织体系，设计运行维护流程，提高运行维护效率。本章介绍了企业信息技术基础设施运行维护组织体系设计，网络运行维护管理及流程设计，数据中心运行维护管理及流程设计，云计算资源管理及流程设计。

参考文献

[1] 周宏仁，张彬，理查德·泰勒 . 网络经济时代的信息政策［M］. 北京：电子工业出版社，2014.

[2] 周宏仁 . 信息化论［M］. 北京：人民出版社，2008.

[3] 周宏仁 . 信息化概论［M］. 北京：电子工业出版社，2009.

[4] 刘希俭 . 中国石油信息化管理［M］. 北京：石油工业出版社，2008.

[5] 刘希俭等 . 企业信息化管理实务［M］. 北京：石油工业出版社，2013.

[6] 吴建平，任罡，李星 . 构建基于真实 IPv6 源地址验证体系结构的下一代互联网［J］中国科学：技术科学，2008，38（10）：1583–1593.

[7] 韩海波 ."一网双平面"——一种新的广域骨干网络架构［J］. 计算机系统应用，2013，22（8）：23–28.

[8] 李强，张志江 . 大型企业局域网建设方案的选择［J］. 中国管理信息化，2015，（13）：93–94.

[9] 杜青，夏克文，乔延华 . 卫星通信发展动态［J］. 无线通信技术，2010，（3）：24–29.

[10] 许金叶，薛悦阳 .IPv6 对 IPv4 的取代：企业物联网建设中 IP 协议的定位［J］. 会计之友，2012，（30）：78–79.

[11] 吴建平，毕军 . 可信任的下一代互联网及其发展［J］. 中兴通讯技术，2008，（1）：8–12.

[12] 包丛笑，李星 .IPv4/IPv6 过渡的核心技术标准 RFC6052［J］. 中国教育网络，2010，（12）：28–29.

[13] 王艳华，左明 . 基于 IVI 的 IPv6 网络过渡技术研究［J］. 计算机与信息技术，2010，（12）：63–69.

[14] 庞士梅 . 覆盖聚类在 Web 信息检索中的应用研究［J］. 大学图书情报学刊，2006，24（4）：46–47，54.

[15] 董铁超 . 数据中心火灾探测方式分析［J］. 智能建筑与城市信息，2013，（7）：71–73.

[16] 孙建庆 . 信息系统运维综合监管平台设计［J］. 电力信息化，2009，7（3）：87–90.

[17] 金蓉，卢建军，赵安新，等 . 基于物联网的数字化矿井的应用研究［J］. 企业技术开发（学术版），2013，（9）：41–42.

[18] 彭家志 . 浅谈制造企业若干层次的标准化工作［J］. 价值工程，2013，（17）：167–169.

[19] 钟景华 .《电子信息系统机房设计规范》介绍［J］. 智能建筑与城市信息，2007，（10）：108–111.

[20] 赵远杰 . 云计算中的公钥可搜索加密方案研究［D］. 西安：西安电子科技大学，2013.

著作权合同登记号:图字 02-2006-91

图书在版编目(CIP)数据

实用心内超声心动图及其在心律失常中的应用/(美)任建方(Ren,J.)等编著;齐欣等译.—天津:天津科技翻译出版公司,2010.3

书名原文:Practical Intracardiac Echocardiography in Electrophysiology

ISBN 978-7-5433-2432-9

Ⅰ.实… Ⅱ.①任… ②齐… Ⅲ.心律失常-超声心动图-诊断
Ⅳ.R541.704

中国版本图书馆CIP数据核字(2010)第032417号

授权单位: Blackwell Publishing Ltd.
出　　版: 天津科技翻译出版公司
出 版 人: 蔡　颢
地　　址: 天津市南开区白堤路 244 号
邮政编码: 300192
电　　话: 022-87894896
传　　真: 022-87893482
网　　址: www.tsttpc.com
印　　刷: 山东临沂新华印刷集团有限公司
发　　行: 全国新华书店
版本记录: 787×1092　16 开本　15.5 印张　150 千字　配图 101 幅
2010 年 3 月第 1 版　2010 年 3 月第 1 次印刷
定价:158.00 元

(如发现印装问题,可与出版社调换)